国家级职业教育规划教材

全国职业院校学前教育专业教材

幼儿园
安全管理与事故处理

李心蕊　主编

中国劳动社会保障出版社

简　介

本书根据职业院校学前教育专业的教学实际，系统介绍了幼儿园安全管理与事故处理知识，主要内容包括幼儿园安全管理、幼儿园一日生活中的安全隐患及预防、幼儿常见意外伤害应急处理与预防、幼儿园突发事件应急处理与预防、幼儿园安全事故善后处置。本书将教学理论与教学实际及案例相结合，详略得当，深入浅出，并配有丰富的视频教学资源。

本书由李心蕊任主编，庄静宇、陈萍任副主编，马天晴、刘贵芬参与编写。

图书在版编目（CIP）数据

幼儿园安全管理与事故处理 / 李心蕊主编. -- 北京：中国劳动社会保障出版社，2023
全国职业院校学前教育专业教材
ISBN 978-7-5167-5665-2

Ⅰ. ①幼…　Ⅱ. ①李…　Ⅲ. ①幼儿园 – 安全管理 – 高等职业教育 – 教材　Ⅳ. ①G617

中国国家版本馆 CIP 数据核字（2023）第 000800 号

中国劳动社会保障出版社出版发行
（北京市惠新东街 1 号　邮政编码：100029）

*

北京市艺辉印刷有限公司印刷装订　新华书店经销
787 毫米 ×1092 毫米　16 开本　8.5 印张　145 千字
2023 年 1 月第 1 版　2023 年 1 月第 1 次印刷
定价：22.00 元

营销中心电话：400-606-6496
出版社网址：http://www.class.com.cn
http://jg.class.com.cn

前　言

学前教育是终身学习的开端，是国民教育体系的重要组成部分，是重要的社会公益事业。学前教师教育担负着培养学前师资的重任，始终受到国家的高度重视，2018 年《中共中央　国务院关于学前教育深化改革规范发展的若干意见》明确提出要“办好学前教育”“大力加强幼儿园教师队伍建设”。为了适应学前教育发展的形势，满足学校培养学前师资的教学要求，2020 年，我们对全国职业院校学前教育专业教材进行了修订和补充，重点做了以下几方面的工作。

第一，完善了教材体系。根据目前职业院校学前教育专业的教学实际，增加了《幼儿行为观察与指导》《幼儿园游戏》等教材，将《舞蹈（第二版）》和《幼儿舞蹈创编与教法》整合为《幼儿教师舞蹈基础》，将《基本乐理与伴奏编配（第二版）》分为《基本乐理》和《简易钢琴伴奏构建法》。调整后，整套教材体系更加科学、完善，便于教学的开展。

第二，更新了教材内容。对上版教材中的部分内容进行了调整、补充和更新，使教材更加符合当前职业院校学前教育理念和实践方法。增加了实践性教学内容的比重，主要技能点均配以详细的操作指导，以引导学生运用所学知识分析和解决实际问题。

第三，提升了教材表现形式。通过设置知识卡、能力卡、情景再现、引导案例等栏目，增加教材的亲和力，激发学生的学习兴趣。同时，加强了图片、表格及色彩的运用，营造出更加直观的认知环境，提高了教材的趣味性和可读性。

第四，加强了教材立体化资源建设。在教材修订的同时，开发了与教材配套的习题册和电子课件。电子课件及习题答案可登录技工教育网（jg.class.com.cn），搜索相应的书目，在相关资源中下载。在部分教材中使用了二维码技术，针对教材中的教学重点和难点制作了演示视频、音频等多媒体素材，学生使用移动终端扫描二维码即可在线观看或收听相应内容。

本套教材的编写得到了有关学校的大力支持，教材编审人员做了大量的工作，在此我们表示衷心的感谢！同时，恳切希望广大读者对教材提出宝贵的意见和建议。

人力资源社会保障部教材办公室

目 录

第一章　幼儿园安全管理

第一节　幼儿园安全管理概述 …… 1

第二节　幼儿园安全管理的内容 …… 5

第三节　幼儿园教师安全管理职责与素养 …… 10

第二章　幼儿园一日生活中的安全隐患及预防

第一节　幼儿园生活活动中的安全隐患及预防 …… 13

第二节　幼儿园运动活动中的安全隐患及预防 …… 21

第三节　幼儿园游戏活动中的安全隐患及预防 …… 24

第四节　幼儿园学习活动中的安全隐患及预防 …… 25

第三章　幼儿常见意外伤害应急处理与预防

第一节　幼儿意外伤害的类型与特点 …… 27

第二节　常见皮外伤及出血应急处理与预防 …… 29

第三节　骨、关节、牙齿损伤应急处理与预防 …… 34

第四节　高处跌落头部受伤及烧烫伤应急处理与预防 …… 38

第五节　异物入体应急处理与预防 …… 41

第六节　动物伤害应急处理与预防 …… 53

第七节　晒伤及溺水应急处理与预防 …… 58

第四章　幼儿园突发事件应急处理与预防

第一节　幼儿园火灾应急处理与预防 …… 61

第二节　幼儿园触电事故应急处理与预防 …… 68

第三节 幼儿园地震应急处理与预防 …… 73
第四节 幼儿园洪灾应急处理与预防 …… 81
第五节 幼儿园雾霾应急处理与预防 …… 84
第六节 幼儿园暴力伤害事件应急处理与预防 …… 85
第七节 幼儿园虐童、性侵害事件应急处理与预防 …… 87
第八节 幼儿园拐骗事件应急处理与预防 …… 90
第九节 幼儿园传染性疾病应急处理与预防 …… 93
第十节 幼儿园外出活动事故应急处理与预防 …… 98
第十一节 幼儿园校车事故应急处理与预防 …… 103
第十二节 幼儿园拥挤踩踏事故应急处理与预防 …… 107

第五章 幼儿园安全事故善后处置

第一节 幼儿园安全事故的调查 …… 111
第二节 幼儿园安全事故的法律责任与法律处理途径 …… 113
第三节 幼儿园安全事故的理赔 …… 118

附录 中小学幼儿园安全管理办法

第一章
幼儿园安全管理

学习目标

1. 理解幼儿园安全管理的原则。
2. 掌握幼儿园安全管理的内容。
3. 熟悉幼儿园教师的安全管理职责与素养。

建议课时：8 课时

第一节　幼儿园安全管理概述

幼儿园有保护幼儿的义务，幼儿园安全管理是幼儿园的首要工作。《中华人民共和国教育法》规定，学校及其他教育机构应当完善体育、卫生保健设施，保护学生的身心健康。

一、幼儿园安全管理的概念和目的

幼儿园安全管理是指幼儿园管理者采取有效措施控制幼儿园环境及幼儿各类活动存

在的安全隐患，有效控制人的不安全行为和物的不安全状态，降低幼儿园安全事故发生率和危害程度的一系列行为。

《中小学幼儿园安全管理办法》指出，加强中小学、幼儿园安全管理，旨在保障学校及其学生和教职工的人身、财产安全，维护中小学、幼儿园正常的教育教学秩序。

二、发生幼儿园安全事故的原因

幼儿园安全事故一般是指幼儿在幼儿园期间以及幼儿在园外集体活动但处于幼儿园管理范围内发生的人身伤害事故。幼儿园安全事故与环境、设备、设施，以及教职工的保育教育方法等因素都可能有关。

1. 环境、设备、设施存在安全隐患

此类问题常见的有：

（1）桌椅、玩具柜、电子琴、钢琴、木质和塑料玩具、门边及墙壁瓷砖等有锋利的棱角。

（2）走廊和厕所地板砖太光滑。

（3）户外大型活动设施铁钉外露，钢板翘起，螺栓松动，部件脱落，表面湿滑。

（4）班中幼儿药品摆放不当，幼儿可以随意取放。

（5）幼儿园一些角落里、管道上存在外露的铁丝、铁片。

2. 幼儿园安全制度存在漏洞

有的幼儿园在安全检查制度、安全值班制度、安全责任制度和全程监管机制上存在漏洞，使安全工作无据可依，存在安全隐患，容易引发意外伤害。

3. 教师工作失职

此类问题常见的有：

（1）教师在带班期间离岗，如接打电话、出门取快递、到隔壁班拿取东西，或在幼儿进餐、午睡时段和餐后散步时间闲聊，导致幼儿活动完全脱离教师视线，甚至跑出幼儿园。

（2）教师让幼儿（特别是小班幼儿）独自如厕，或是让幼儿上下楼帮教师传递物品，导致幼儿发生意外伤害事故。

（3）幼儿在户外活动时，教师没有随时清点人数，导致幼儿脱离集体。

（4）教师让幼儿做一些力不能及的事情，如帮教师端盆子、提餐桶、拎水壶等。

（5）幼儿活动前，教师没有及时提醒幼儿注意安全，即活动之前忽略或者没有给幼

儿交代清楚相应的规则及注意事项。例如，幼儿骑小车时速度过快，教师没有及时提醒。

（6）幼儿活动时，教师站位不合理，不能全方位地关注每一个幼儿。例如，幼儿玩滑梯时，教师只站在滑梯的一端，不能兼顾前后的幼儿。

（7）教师对幼儿的不安全行为或超出其能力范围的行为不能及时加以制止。例如，幼儿之间发生冲突或幼儿在活动中嬉戏打闹时，教师没有及时制止并进行引导；幼儿从滑梯高处或台阶上往下跳、双手撑住栏杆将身体往下探、抓住高空悬挂物做荡秋千的动作时，教师没有及时保护或制止。

（8）教师对有些活动未能预判不安全因素，导致幼儿发生危险。

（9）个别教师职业道德缺失或因一些个人原因伤害幼儿，例如，罚幼儿久站、深蹲、跑步，针扎幼儿，掌掴幼儿。

4. 幼儿自我保护能力差

幼儿自我保护能力差，既与幼儿体力弱、自我保护意识不强、未掌握自我保护方面的知识与技能有关，也与家长的教育方法和防范意识有关。

有的家长比较重视幼儿的文化艺术教育，忽视安全与意外防范方面的教育和引导，造成幼儿普遍缺乏安全意识与意外防范知识，容易对生活中可能出现的危险缺乏警惕或无法进行有效规避。

有的家长防范意识薄弱，未能做到时时留意、刻刻当心。有的家长对幼儿安全知识缺乏了解，对幼儿安全问题也较少关注。

5. 意外因素

此类问题常见的有：幼儿在行进中独自摔伤，幼儿被同伴不小心绊倒或撞伤，幼儿突发疾病，等等。

三、幼儿园安全管理的原则

1. 安全第一

《幼儿园教育指导纲要（试行）》指出，幼儿园必须把保护幼儿的生命和促进幼儿的健康放在工作首位。

幼儿园在开展保育教育工作时，必须把安全工作放在首要位置。当其他工作与安全工作发生矛盾时，要以安全工作为主，其他工作要服从安全工作。

贯彻安全第一原则，就是要求幼儿园管理者和教职工高度重视安全工作，把安全工作当作头等大事来抓，将其作为衡量幼儿园工作质量的一项基本内容。幼儿园管理者和主管部门在组织开展日常保育教育工作时，要同时策划、同时布局、同时检查、同时总结、同时评价安全管理工作。

2. 预防为主

幼儿园安全管理工作应当以预防为主，主要目的不是处理事故，而是通过采取管理措施有效控制不安全因素的发展与扩大，把可能发生的事故消灭在萌芽状态，以保证幼儿的安全与健康。预防的工作方法是主动的、积极的，是安全管理应该采取的主要方法。

贯彻预防为主原则，要端正对不安全因素的态度，加强认识，选准消除不安全因素的时机。要经常检查、及时发现幼儿园工作中可能出现的危险因素，采取措施，明确责任，尽快、坚决地予以消除。

预防是事前的工作，其正确性和有效性十分重要。为了使预防工作真正发挥作用，一方面要重视经验的积累，对已发事故和未遂事故进行统计分析，从中发现规律，做到有的放矢；另一方面要采用科学的安全分析、评价方法，对幼儿园工作中人和物的不安全因素及其可能产生的后果作出准确判断，从而采取有效对策，预防事故发生。

3. 重在过程控制

幼儿园安全管理工作应当对每一个环节实施控制，而不是单纯要求活动和任务的结果。要重视细节，对所有不安全的因素进行有效控制，并根据情况的变化实行动态的安全管理。

4. 全员有责

保证幼儿的安全是每一位幼儿园教职工的重要职责。安全管理不只是某一位或几位幼儿园管理者、班主任或安保人员的责任，幼儿园的所有部门、人员都必须参与安全管理工作，要在幼儿园实现全员、全过程、全方位的安全管理。

同时，做好幼儿园的安全工作，不能仅仅依靠幼儿园教师，也需要幼儿、家长和社区共同完成。

5. 坚持“四不放过”原则

一旦发生事故，在处理时必须坚持“四不放过”原则，即对发生的事故原因分析不清不放过，事故责任者没有严肃处理不放过，广大教职工没有受到教育不放过，没有落实防范措施不放过。

坚持这一原则，是为了总结原因，惩前毖后，吸取教训，采取措施，防止事故再次发生。

四、幼儿园安全管理的重要性

在幼儿园中，安全管理是一切管理工作之首。安全是幼儿园实施教育的重要保证。幼儿园的安全不仅关系到每个幼儿的安全与健康，同时也关系着成千上万家庭的幸福以及社会的稳定。

幼儿园的幼儿年龄较小，自我保护意识薄弱，比较容易受到意外伤害，面对一些安全事故和突发事件，也缺乏自我保护的能力，因此，幼儿园的安全管理工作尤为重要。

第二节　幼儿园安全管理的内容

一、事前预防

1. 对教职工进行安全教育培训

幼儿园要定期组织教职工开展安全教育培训，提升教职工预防及应对安全事故的能力，提高教职工的安全防范意识，细化每一环节的安全工作流程。

对教职工的安全教育培训主要包括三方面的内容：一是加强教职工的安全意识教育，培养其工作责任心；二是使教职工了解并严格遵守幼儿园安全管理方面的各项规章制度；三是使教职工掌握基本的安全操作规范，掌握发生意外事故时的现场处理方法，做到遇事不乱、应对有方。

此外，幼儿园要加强教职工的职业道德教育，要求教职工对幼儿坚持正面教育，严禁态度粗暴，动作生硬，体罚或变相体罚幼儿，以免伤害幼儿身心健康。

2. 对幼儿及其家长开展安全教育

幼儿园要定期向幼儿及其家长宣传安全知识。在幼儿园存在危险的地方，应张贴醒目的安全警示标志，提高幼儿的安全意识。可通过家园联系册、家长工作坊、家长电话日等形式开展一系列的安全教育工作，真正实现家园共育。

幼儿园必须基于幼儿健康成长的需要实施安全教育，要培养幼儿自我保护意识，提高幼儿的自我保护能力，使幼儿知道常见安全事故的应对措施及预防方法。

教师每天都要向幼儿开展科学、合理、系统、全面的安全教育，如以儿歌、游戏、故事等形式开展教育活动，让幼儿在做中学、玩中学，不仅能够享受快乐，而且能够了解安全知识，掌握自我保护的技能。幼儿园还应定期为幼儿购买相关安全教育书籍、安全宣传画册，邀请安全专家入园对幼儿进行安全教育。常见的教育内容有以下几类：

（1）交通安全教育

让幼儿了解基本的交通规则，如“红灯停，绿灯行”，行人走人行道，上街走路靠右行，不在马路上踢球、玩滑板车、奔跑、做游戏，不横穿马路等。

让幼儿认识常见交通标志、红绿灯、人行横道线等，并且知道其意义和作用。

教育幼儿从小要有交通安全意识，养成遵守交通规则的良好习惯。

（2）消防安全教育

让幼儿懂得玩火的危险性，掌握简单的火灾自救技能。

带幼儿参观消防队，看消防队员的演习，请消防队员介绍火灾的形成原因、消防车的作用、灭火器的使用方法及使用时应注意的事项等。

（3）食品卫生安全教育

教师在平时应教育幼儿不随便捡食不明食物，不食用果冻、开心果等易造成幼儿伤害的食物以及变质食物。

（4）防触电、防溺水教育

教育幼儿不能随便玩电器，不拉电线，不用剪刀剪电线，不用小刀刻、划电线，不能将铁丝、手指等插到电源插座里。告诉幼儿一旦发生触电事故，不能用手去拉触电的人。

教育幼儿假期到水边玩耍时不能离开家长的视线，不能私自到河边玩耍。

（5）幼儿园游戏活动安全教育

教师应教育幼儿在游戏活动时注意以下事项：

1）玩滑梯时不要拥挤，前面的幼儿还没滑到底或者还没离开时，后面的幼儿不能往下滑。

2）玩秋千时，要注意坐稳，双手拉紧两边的秋千绳。

3）玩跷跷板时，除了要坐稳，还要双手抓紧扶手。

4）玩游戏棍时，不得用棍去打其他幼儿的身体，特别是头部。

5）玩玻璃球时，不能将其放入口、耳、鼻中，以免造成伤害。

（6）幼儿生活安全教育

幼儿生活安全教育必须家园配合、同步进行，应教育幼儿注意以下事项：

1）在没有成人看护时，不能从高处往下跳或从低处往上蹦。

2）不爬树、爬墙、爬窗台，不从楼梯扶手上往下滑。

3）推门时要推门框，不推玻璃，手不能放在门缝里。

4）乘车时不在车上来回走动，手和头不能伸出窗外。

5）上楼梯时要靠右边走，不推挤。

6）不轻信陌生人的话，未经允许不跟陌生人走。幼儿独自在家时如果有陌生人叫门，不随便开门。

7）不随意开启家用电器，特别是电熨斗、电取暖器等，不玩电线与插座。

8）不独自玩烟花爆竹。

9）不逗弄蜜蜂、毛毛虫、狗等动物。

10）打雷、有闪电时不站在树下。

幼儿园的安全教育形式多种多样，但不管采取哪种形式，都必须将安全教育渗透在幼儿生活的各个环节中。要结合幼儿的个性、学习特点，采用合理的方式，向幼儿教授安全教育知识。只有这样，才能真正让幼儿树立起安全意识，以达到安全教育的目的。

此外，幼儿园还应加强与家长的沟通，了解幼儿自身存在的一些安全隐患。例如，要提醒家长，如果幼儿患有隐性疾病，要及时告知教师，以便幼儿发病后教师能及时给予有针对性的救助。

3. 进行安全隐患排查治理

建设幼儿园时，相关部门应对安全事项进行严格审核，特别是消防通道、安全出口、消火栓、灭火器等必须符合相关要求。

幼儿园要进行日常安全检查，及时排查安全隐患并消除隐患，这是幼儿园安全管埋的重要内容。

幼儿园公共区域是安全隐患排查治理的重点。公共区域是幼儿们每天游戏、学习的重要场地，包括厕所、多功能厅、各楼层走廊、楼顶、地下室、操场等。应重点排查公共区域存在危房、危墙，设施年久失修、螺栓脱落，栏杆过低或松动，栏杆下堆有杂物，走廊窗户过低，活动场地太滑或太坚硬，大型设施下没有铺设塑胶地板，楼梯处有锋利的棱角，花盆放在容易坠落的地方等问题。如发现这些潜在的安全隐患必须及时排除，以确保安全。

在日常工作中，要重视对环境、设施的管理，落实责任人，加强排查。责任人要做好每周的安全检查工作和记录，发现问题及时汇报并挂上禁用牌，及时进行维修整治，做到防患于未然。

4. 加强安全管理制度建设

幼儿园安全管理制度是幼儿园安全管理工作的依据，包括多方面的内容，如门卫制度、出入园制度、卫生保健制度、食品卫生安全制度、药品保管制度、环境设施安全管理制度、消防安全制度、用电安全制度、意外伤害救护制度、活动组织制度等。幼儿园必须建立健全各项安全管理制度，并严格落实。

每一项制度都应当明确工作目标、组织领导机构、职责分工、管理措施和注意事项，要明确事故现场处理机制和事故报告机制。若发生严重的伤害事故，幼儿园应及时向主管教育行政部门及有关部门报告。属于重大伤亡事故的，教育行政部门还应按照有关规定及时向同级人民政府和上一级教育行政部门报告。

例如，在药品保管制度方面，幼儿园保健医生必须妥善保管幼儿园的药品。幼儿需要带药时，必须由家长填写服药委托单方可带药入园。教师为生病幼儿喂药时，必须仔细核对药名、药量、幼儿姓名，按时给幼儿喂药，并做好相应的服药记录，留存药袋、药瓶。

在食品卫生安全制度方面，幼儿园必须认真贯彻卫生防疫部门公布的食品卫生规定，严禁幼儿携带食品进入幼儿园，把好食品采购、储藏、烹饪等方面的卫生关，做好食品采购索证和验收制度，严防食物中毒事件的发生。

在出入园制度方面，幼儿进园、离园严格实行安全接送，由门卫加强管理，防止幼儿出大门走失。要禁止外来人员来园玩耍或借宿。

在活动组织制度方面，幼儿园组织的各项活动都应以幼儿的安全为第一要素，事先进行认真细致的准备，考虑周全，严禁带幼儿到有危险的地方开展活动。

幼儿园还必须严格规范各级、各类教职工的岗位职责，加强对职责履行情况的日常检查，对事故多发时间和地点进行严密监控，做到人员到位、措施到位、工作到位。对幼儿园园长等管理人员、教师、校车司机等人员进行培训，使其明确各自的安全职责。

5. 制定安全事故（事件）应急预案

幼儿园应当针对常见的重大突发性安全事故（事件）做好应急预案，如火灾应急预案、洪灾应急预案、地震应急预案、雾霾应急预案等，做到未雨绸缪。

预案的内容应详尽而具体，职责明确，分工适宜，措施得当，可操作性强，能够在发生意外时得到迅速执行。

6. 开展安全应急演练

幼儿园应当定期开展必要的安全应急演练，如消防演练、防震演练等，教职工和幼儿要在演练中熟悉应急处理程序、撤离疏散路线、安全场地等内容，同时培养冷静、沉着应对突发事故（事件）的心态，这样才能在发生突发事故（事件）时快速、有序地应对。

二、事中处理

1. 组织人员避险

当存在危险但还未造成实质性伤害时，幼儿园应立即组织人员采取科学、合理的避险措施，把维护幼儿健康和生命安全放在首位。

2. 抢救伤员

当幼儿已受到不同程度伤害时，幼儿园应立即组织开展现场抢救，尽力减轻伤害。抢救方法要正确合理，不能因为盲目施救对伤者造成二次伤害。必要时，要等待专业救援人员到来。

3. 制止伤害

当遇到针对幼儿的暴力伤害事件等突发事件时，幼儿园教职工应挺身而出，随机应变，及时制止伤害幼儿的恶性行为。

4. 联系应急救援

遇险后，要及时拨打 110、119、120 等救援电话，呼叫救援力量，争取救援支持。

三、善后处置

1. 安全事故调查与处理

发生安全事故后，幼儿园应当成立事故调查组。事故调查组成员应当具有事故调查所需要的知识和专长，并与所调查的事故没有直接利害关系。

事故调查组应当查明事故发生的经过、原因、人员伤亡情况及直接经济损失，认定事故的性质和事故责任，提出对事故责任者的处理建议，提出防范和整改措施，提交事故调查报告。

通过事故调查分析，对事故的性质要有明确结论。其中对认定为自然事故（非责任事故或者不可抗拒的事故）的可不再认定或者追究事故责任人。对认定为责任事故的，要按照责任大小和承担责任的不同分别认定直接责任者、主要责任者及领导责任者。

在调查报告的基础上，由有关部门依据责任划分、处置规定对当事人进行处理。

2. 总结整改

发生安全事故后，幼儿园要认真总结事故教训，特别是总结安全管理方面存在的薄弱环节、漏洞和隐患。要认真对照问题查找根源、吸取教训，并及时加以整改，弥补漏洞，消除隐患。

3. 理赔

发生安全事故后，有可能涉及赔偿问题。要根据责任认定和有关法律法规确定赔偿标准。

第三节　幼儿园教师安全管理职责与素养

《幼儿园教师专业标准（试行）》要求，教师要有效保护幼儿，及时处理幼儿的常见事故，危险情况优先救护幼儿。

一、幼儿园教师安全管理职责

1. 幼儿园管理者的安全管理职责

（1）指导教职工认真落实有关法律法规和上级文件中的安全工作规定。

（2）根据幼儿园的情况研究制定并督促执行安全管理制度。

（3）指导教职工加强师德修养和安全责任感，关爱幼儿。

（4）加强幼儿园环境治理。

（5）及时了解并处理好安全管理工作中出现的问题。

2. 幼儿园班主任的安全管理职责

班主任是班级安全工作的第一责任人，对本班幼儿安全负有主要责任。班主任要重点做好以下工作：

（1）及时传达幼儿园及上级教育行政部门安全工作有关文件精神，对班级安全管理工作提出要求。

（2）对本班教室内各类设备、设施的安全状况及时、定期进行检查。如果存在安全隐患，及时处理或上报，并提醒幼儿注意安全。

（3）经常督促、指导幼儿认真做好个人安全事宜，对本班幼儿进行经常性的公共安全教育，提高其安全意识，使幼儿掌握相应的安全知识和防护技能。

（4）如果幼儿在幼儿园内发生安全事故，必须及时将幼儿送到保健室治疗或附近医院就诊，并上报有关部门。

（5）每日按时执行十五点名制，了解幼儿出勤情况。如果发现幼儿未按时到园，应第一时间通知其监护人。

（6）认真落实班级交接班记录制度，详细记录每位晚到、早退幼儿。

（7）认真负责地组织幼儿参加各类活动，如社会实践、班级劳动等，保证活动中不因违纪、操作失误、管理不到位等原因发生安全事故。

（8）每日做好晨检记录，严格执行幼儿请假制度。要求家长当幼儿因事、因病不能到园时，第一时间向班主任请假。当幼儿没有到园且未请假时，班主任应及时与家长联系，必要时应进行家访，了解情况。

（9）严格要求幼儿不吃陌生人给的食物。严禁幼儿带小吃、零食尤其是一些“三无”食品到幼儿园，并将其危害性明确告知家长。如果幼儿需要带药品到幼儿园服用，应严格执行登记制度。

（10）督促班级其他教师严格落实安全规定，防止发生幼儿意外伤害事故。

3. 幼儿园普通教师的安全管理职责

（1）落实“谁的课谁负责，教育过程全程安全”的制度，把幼儿安全作为幼儿教育的第一要事，加强安全责任感。

（2）加强幼儿安全教育，增强其自我保护能力，预防幼儿严重违纪事件，杜绝幼儿危险行为。

（3）注意用水、用电安全，离开教室时要随手关灯、关门窗、关电器、关水龙头。室内不准随意拉电线，插座要放在幼儿触摸不到的位置，电器、电路、门窗等发生故障时及时申请维修。

（4）发现班级物品、桌椅等破损时要及时申请维修。

（5）开展课堂教学时，必须重视每个幼儿，让每个幼儿在自己的视线之内，及时清点班级人数。户外游戏时不得让幼儿无规则、无要求地活动，要有计划地组织并指导幼儿活动，确保每一位幼儿的安全。

（6）及时做好交接班记录，避免出现安全隐患。

（7）每天早上对幼儿携带的物品进行安全检查，如果发现安全隐患要及时处理。

二、幼儿园教师安全管理素养

幼儿园教师应当具有一定的安全管理素养，树立正确的安全观念，把幼儿园安全管理工作放在首位。

1. 具有强烈的责任意识

幼儿园教师应当把幼儿的平安与健康作为最重要的工作，时刻把幼儿的平安与健康记在心上。要深刻体会和切记“责任重于泰山”的含义。

2. 具有较强的心理素质

幼儿园教师要能够很好地控制情绪，发生各种意外情况时能够保持镇定，不慌不乱、有条不紊地处理各种复杂的安全问题。

3. 具有较强的应变能力

面对随时可能遇到的各种复杂情况，幼儿园教师要积极克服和排除困难。对一些紧急且较为棘手的安全问题能因时、因地、灵活地处理好。在幼儿发生危险时，要根据实际情况进行应急处理或上报，并及时通知幼儿第一监护人，情况紧急时应第一时间拨打救援电话。

4. 具有较强的学习能力

幼儿园教师要注重加强安全知识技能的学习，了解安全用电、活动组织等方面基本的安全常识，掌握灭火、防震、外伤急救等方面必备的安全技能。

5. 具有敏锐的安全意识

幼儿园教师在安全管理方面要多用脑，经常思考幼儿园安全管理方面存在的问题和解决问题的方法。要经常对环境和幼儿的行为进行检查，排除隐患，把事故消灭在萌芽状态。

6. 具有较强的组织能力

幼儿园教师要培养幼儿良好的生活习惯，促进其自我保护能力的发展。组织幼儿活动时，要做好活动预案，充分考虑各种情况；要教育幼儿遵守活动规则，做好自我保护和防范；活动进行时要集中精力，关注每一位幼儿的安全。

总之，安全工作是幼儿园保育教育工作的基础，每个幼儿教育工作者都要时刻注重安全工作，严防安全事故发生，及时做好幼儿安全事故救护工作和善后事宜，确保幼儿在园期间能够安全、健康地成长。

第二章
幼儿园一日生活中的安全隐患及预防

学习目标

1. 熟悉幼儿园一日生活中常见的安全隐患。
2. 掌握幼儿园一日生活中常见安全隐患的预防措施。

建议课时：10 课时

第一节　幼儿园生活活动中的安全隐患及预防

幼儿园生活活动是幼儿在园活动的重要组成部分，具体包括入园、饮水、盥洗、进餐、睡眠、如厕、离园等各环节。教师应了解各个环节存在的安全隐患，并有针对性地采取预防措施。

一、入园环节

1. 安全隐患

（1）幼儿入园前，教室未提前开窗通风，造成室内空气浑浊，幼儿呼吸憋闷，情绪低落。

（2）开窗通风时，风可能会吹落窗台上的杂物等，容易砸伤幼儿。

（3）幼儿来园前，设施设备检查不到位，插座、剪刀等危险物品没有专门保管，茶水桶没有及时上锁，幼儿来园后可能会摆弄或不小心碰到，导致触电、受伤等。

（4）幼儿来园前，地面打扫不彻底，有水渍残留，幼儿容易滑倒。

（5）幼儿从校车下车时，工作人员没有清点人数，容易将幼儿遗忘在车上。

（6）幼儿入园时，教师没有仔细进行晨检。例如，教师对幼儿的身体、精神状态掌握不清楚，幼儿可能带病入园，造成活动时受伤或引发园内疾病传染。又如，教师对幼儿携带药品、物品（如小玩具、零食）的检查、登记不仔细，造成异物入体等意外伤害。

（7）幼儿入园时，教师没有做好出勤登记，对迟到、未到的幼儿未及时与家长沟通，造成相关安全隐患。

2. 预防措施

（1）在做幼儿来园前的准备工作时，及时检查相关设施设备及投放的物品，确保茶水桶稳固并已锁好，将危险器具、物品进行专门保管。

（2）做清洁消毒工作时，注意清理地面水渍，用半干的拖把进行清洁和消毒。

（3）校车管理员做好上下车人数清点，确保不遗漏车上幼儿。

（4）仔细进行晨检，认真观察幼儿身体、情绪和精神面貌，检查幼儿携带的物品，确保安全。

（5）教室提前开窗通风，确保空气流通。

（6）幼儿携带药品入园时，教师应仔细检查家长填写的服药委托单并核对药品。药品必须由保健医生妥善保管在保健室内幼儿拿不到的地方。

（7）清点幼儿出勤人数并做好记录；及时与未到园幼儿的家长取得联系，了解原因；做好晨检记录。

二、饮水环节

1. 安全隐患

（1）幼儿在饮水过程中将水杯打翻，水洒在地面上，教师没有及时擦干而导致幼儿滑倒、摔伤。

（2）幼儿因茶水桶未上锁或未盖紧，或因在饮水过程中过于着急、端水不稳、被碰撞等情况发生烫伤。

（3）幼儿因在饮水过程中说笑、打闹发生呛咳。

2. 预防措施

（1）为幼儿准备温度适宜的白开水（夏天 30 ℃左右，冬天 40 ℃左右）。

（2）提前擦拭、整理饮水区域，保持区域内干燥和整洁。特别是在幼儿饮水前，应观察饮水区域地面是否干燥，为幼儿饮水提供安全的环境。

（3）在饮水区域用不同标记或图案画出等待区、接水区、饮水区，培养幼儿有序饮水的习惯。随时提醒幼儿安静饮水，对说笑、打闹、拿着杯子乱跑的幼儿给予指导和纠正，及时表扬幼儿有序等待以及在固定区域安静饮水等良好行为。在日常活动中对幼儿加强有序排队的教育。

三、盥洗环节

1. 安全隐患

（1）幼儿洗手动作不规范，手上易带有致病细菌，导致患病。

（2）盥洗室地面湿滑，有水渍，无防滑垫，或幼儿没有穿防滑拖鞋，容易导致幼儿滑倒。

（3）水温过高，或幼儿开关热水龙头时没有按照规范程序操作，容易导致幼儿被烫伤。

（4）盥洗室通风条件差，防寒保暖、防暑降温措施不到位，容易导致幼儿患病。

（5）盥洗室空间狭小，或幼儿盥洗时秩序混乱，容易造成幼儿拥挤、摔倒甚至踩踏。

（6）盥洗室电源插座位置不规范，容易导致幼儿触电。

（7）因幼儿洗手清洁不到位而造成病从口入及一些传染病的传播。

2. 预防措施

（1）引导幼儿运用七步洗手法正确洗手，指导中班、大班值日生检查其他幼儿盥洗情况。

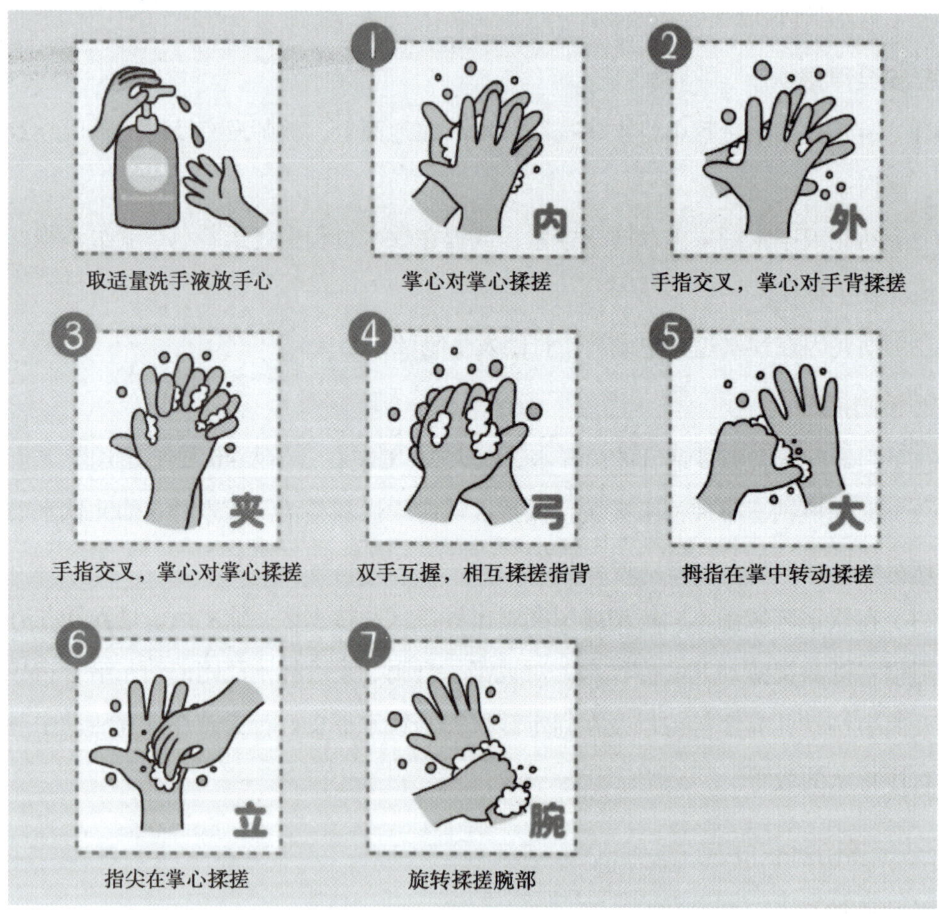

（2）教师组织幼儿有序盥洗。

（3）盥洗室定时开窗通风，确保室内空气流通。

（4）每日排查盥洗室的安全隐患，不在盥洗室设置不规范电源插座。

（5）及时检查并清理地面积水，随时保持盥洗室干燥，做好防滑工作。

（6）统一管理热水器调温开关，教师调试好水温后再组织幼儿进行盥洗，避免幼儿自行调温造成烫伤。

四、进餐环节

1. 安全隐患

（1）幼儿在进餐时嬉笑打闹，容易不小心将勺子、盘子等餐具打翻，导致幼儿被烫伤。有的幼儿在打闹中将勺子戳到其他幼儿的脸上、身上等部位，导致幼儿受伤。

（2）教师没有严格遵守操作规范，将热饭、热菜、热汤随意摆放，幼儿可能因好奇、顽皮而不小心碰到这些物品，导致被烫伤。

（3）教师在分发饭菜或幼儿在端汤的过程中，将汤洒在地面上，且地面未被及时清理，导致幼儿摔伤。

（4）教师在幼儿进餐环节没有遵守相关卫生要求，未按照规定佩戴帽子、口罩等防护用品，可能导致疾病传染。

2. 预防措施

（1）热源不进班，“五温”（饭温、菜温、汤温、茶温、点心温）后进班。

（2）幼儿进餐时，提醒幼儿勿嬉笑打闹和大声说话。

（3）提醒幼儿在用餐时间内进餐完毕，但不要急于催促幼儿用餐。

（4）巡视指导幼儿正确使用餐具。观察幼儿进食量，纠正其不良进餐习惯，对特殊幼儿给予个别照顾，及时处理幼儿进餐时的异常情况。

（5）培养幼儿专心吃饭、细嚼慢咽、嘴里不含饭的习惯，锻炼幼儿独立进餐的能力。提醒幼儿保持正确坐姿，合理使用餐具，促使其较好地完成进餐全过程。

（6）教师在领取和分发餐（点）时必须戴好口罩，使用食品夹或消毒筷。除冬季外均应做到分盘，做到随到随分、随吃随分。

（7）及时清理洒落在地面上的汤或菜汁，避免幼儿滑倒、摔伤。

五、睡眠环节

1. 安全隐患

（1）睡眠区域及床铺周边存在易掉落的物品或可能会导致磕碰的物品。

（2）未能及时关注幼儿寝室温度，过冷或过热导致幼儿因睡眠与起床时温差过大，容易感冒、中暑或者皮肤起痱子等。

（3）床铺上有遗漏的发卡、别针、小玩具等不安全物品，幼儿睡觉时容易被扎伤或影响幼儿睡眠。

（4）教师无故或无交接离开寝室，幼儿有异常情况时无法及时处理。

（5）对幼儿不正确的睡姿（如蒙头睡）没有及时提醒并调整，可能导致幼儿窒息。

（6）幼儿睡前没有对其做好午检，例如，有的幼儿睡前口中含饭或手中有不安全的物品，这些情况可能对幼儿造成异物入体等意想不到的伤害。

2. 预防措施

（1）根据季节、幼儿着装、被褥薄厚等情况及时调整室内温度，或根据室内温度及时增减幼儿被褥。

（2）排除环境中的危险因素，处置好窗台、教具柜等处易掉落的物品，处置好容易导致磕碰的设施设备。

（3）确保幼儿睡前口中不含食物，提醒幼儿将发卡等头饰放于固定的容器中。

（4）指导或帮助幼儿有序地穿脱衣、裤、鞋、袜，提醒幼儿将其放在指定的位置。

（5）巡视观察幼儿的睡眠状况，帮助幼儿盖好被褥。纠正幼儿不正确睡姿，护理体弱幼儿，照顾入睡困难以及情绪和身体有异常的幼儿入睡。对个别睡眠时间短的幼儿，可安排其提早起床进行安静的室内活动。

（6）幼儿睡眠时班中不离人，做到每 15 分钟巡视一次，观察幼儿的脸色和呼吸状况，如果发现异常及时通知保健医生。

（7）教师所处的位置必须面对幼儿，以利于观察。教师不能聚在一起谈话、做私事。

（8）待所有幼儿起床并整理完毕、离开寝室后，教师才能整理床铺并做好寝室清洁卫生。

六、如厕环节

1. 安全隐患

（1）厕所地面有水渍或杂物，如塑料袋、纸屑、果皮等，幼儿容易滑倒。

（2）如厕人数过多且秩序混乱，环境拥挤，易发生幼儿被推倒等伤害事故。

（3）厕所、厕位面积较小，缺少扶手等辅助设施，幼儿容易拥挤、摔倒。

（4）清洁工具没有放在固定的地方，幼儿容易被绊倒。

（5）消毒用品没有放在指定的地方，易被打翻或发生幼儿误食的情况。

（6）厕所通风条件差，清洗、消毒不够及时，用过的便盆等器物未及时清洗、消毒，容易导致幼儿患病。

2. 预防措施

（1）及时清理厕所地面的水渍或杂物，做好防滑措施。

（2）厕所、盥洗室、淋浴室地面不应设台阶，地面应防滑并易于清洗。

（3）有组织地引导幼儿排队如厕，避免因拥挤发生意外伤害，引导幼儿不在厕所逗留、玩耍。

（4）便器宜采用蹲式便器，大便器或小便槽均应设隔板，隔板处应加设幼儿扶手。每个厕位的平面尺寸不应小于 0.70 m × 0.80 m（宽 × 深）。

（5）清洁工具和消毒用品应放在幼儿接触不到的固定放置，不可随意摆放，用完及时收好。

（6）保持厕所清洁通风，随时清洗、消毒，做到清洁、无异味。

（7）幼儿使用便盆后，教师应立即清洗便盆并用消毒液浸泡、消毒。

七、离园环节

1. 安全隐患

（1）离园时没有清点人数，没有将幼儿安排在教师的视线范围内。

（2）对于接幼儿的陌生家长，没有确认就让其把幼儿接走。

（3）交接班时没有清点人数，幼儿被接走时没有做好登记。

2. 预防措施

（1）确保每名幼儿离园时，教师都知晓。

（2）加强安全教育，教育幼儿注意安全，不跟陌生人走。注意观察幼儿是否跟随家长离园。

（3）严格确认接幼儿的家长。如果遇有陌生人来接，必须通过电话或其他可信方式与幼儿家长确认。

（4）做好个别特殊幼儿的交接。例如，生病的幼儿和当天表现异常的幼儿，应向家长详述幼儿在园的生活及活动情况，提出希望得到家长配合与支持的要求和具体方法。

（5）主、配班教师和保育员应共同做好交接班记录，内容包括：当日到班幼儿人数、未来园幼儿及其未到原因、幼儿健康状况、家长反映的有关情况、其他需要交接的有关内容。交接班人员应在记录上签全名。

想一想，练一练（单项选择题）

1. 为预防进餐环节的安全隐患，应注意（　　）。

A. 热源不进班，“五温”（饭温、菜温、汤温、茶温、点心温）后进班

B. 幼儿进餐时，提醒幼儿勿嬉笑打闹和大声说话

C. 教育幼儿独立进餐，坐姿正确，合理使用餐具

D. 以上都对

2. 针对睡眠环节中可能出现的安全隐患，以下说法正确的是（　　）。

A. 让幼儿减少睡眠时间

B. 教师可在所有幼儿入睡后离开休息

C. 幼儿可以拿着小玩具入睡

D. 提醒幼儿将发卡等头饰放于固定的容器中

第二节　幼儿园运动活动中的安全隐患及预防

幼儿园运动活动是指在幼儿园一日活动中，采用做操、器械运动等形式，培养幼儿对运动活动的兴趣，增强幼儿运动能力及适应环境的能力，提高幼儿身体素质的日常活动。

在运动活动中，幼儿均处于兴奋状态。由于其缺乏经验，大肌肉发展不协调，容易发生意外，所以教师要全神贯注地看护幼儿，随时关注不安全的因素，及时提醒幼儿，阻止幼儿做出不安全行为。

教师应根据幼儿的身心发展特点和需要，遵循幼儿身体机能规律，科学组织幼儿运动活动，正确掌握幼儿运动的时间、强度和密度，循序渐进，确保幼儿安全。

一、场地及设施方面

1. 安全隐患

（1）户外活动的场地及器械设置不合理，造成活动区域太狭窄，容易造成幼儿拥挤踩踏事件。

（2）运动器材未定时检修，造成潜在安全隐患。例如，活动设施的螺栓松动或脱落，绳索磨损，金属架生锈或断裂，容易造成幼儿受伤。

2. 预防措施

（1）要定期检查户外活动场地，保证场地平整，无危险物品。

（2）玩具、运动器材等要定期检修。户外活动所用的运动器材要提前检查是否完好，一旦发现损坏要及时维修或更换。

（3）等待维修的大型活动设施及运动器材应及时悬挂警告标识，提醒教师带领幼儿远离损坏的玩具及设施。

二、衣着方面

1. 安全隐患

（1）运动时，幼儿穿着套头并有拉绳的衣服，容易造成幼儿意外伤害。

（2）幼儿口袋中装有细小而危险的物品，容易在运动时发生危险。

（3）幼儿穿着系带的鞋子，鞋带易散开，容易造成幼儿奔跑时摔倒。

2. 预防措施

（1）运动时，幼儿要穿着舒适、轻便的运动服装，最好以纯棉材质为主。如果幼儿没有更换的衣物，教师应为幼儿准备一条吸汗毛巾，避免幼儿因户外活动出汗而感冒、咳嗽、发热。

（2）教师要检查幼儿运动时口袋中是否装有细小而危险的物品。

（3）准备运动时，教师要检查幼儿穿着是否适宜，如鞋带是否系好、鞋子是否合脚等，以便及时调整。教师应提醒家长不要让幼儿穿着有拉绳、拉链等的衣物及较长的裙子。

三、活动方面

1. 安全隐患

（1）幼儿运动前未进行热身运动，容易造成肌肉拉伤。

（2）幼儿因调皮、好奇，自发玩躲藏游戏，容易造成幼儿走失的假象。

（3）体弱幼儿、肥胖幼儿和过分活跃幼儿易因运动方法不当受到伤害。

（4）运动时，幼儿之间的距离过近，容易导致幼儿互相打伤。

（5）幼儿不规范地使用运动道具，容易造成自身或他人受伤。

2. 预防措施

（1）幼儿运动前要指导其进行充分的热身活动，避免幼儿在运动中拉伤。

（2）教师要分工明确，保证所有幼儿都在教师的视线之内。

（3）教师要随时关注班中的体弱幼儿、肥胖幼儿和过分活跃幼儿，尽量用不同的运动策略带动这些幼儿运动，避免其因运动方法不当受到伤害。

（4）运动时，班级与班级、幼儿与幼儿之间要保持一定距离。特别是在分散活动中进行投掷类、棍类、圈类运动的幼儿，要保持一定距离，避免幼儿之间发生碰撞。同时教师要落实十五点名制，确保每一位幼儿的安全。

（5）在户外运动时，如果幼儿要去厕所，需要一名教师跟随幼儿前去，避免在路途中或者在厕所出现安全事故。教师陪同幼儿去厕所时，要向其他教师打好招呼，提醒其关注本班的幼儿。

（6）当只有一名教师看护幼儿进行户外运动时，如果个别幼儿发生突发情况，如尿裤子、手划伤等，教师不能让幼儿自己回班级或者去保健室，也不能让其他幼儿陪同前往。此时，教师一定要终止本次活动，组织幼儿回班，然后对出现的突发情况采取针对性措施。

想一想，练一练（单项选择题）

1. 户外活动时，幼儿可可躲在大树后，导致教师到处寻找他。为预防此类事件的发生，教师应当（　　）。

A. 检查幼儿口袋是否携带细小、危险的物品

B. 坚持定期检查活动场地，保证场地平整、无危险物品

C. 指导幼儿运动前进行身体各部位的热身活动，避免幼儿在活动中拉伤

D. 分工明确，保证所有幼儿都在教师的视线之内

2. 幼儿俊俊患有先天性心脏病，家长叮嘱他不可以做剧烈运动。在户外活动课程中，教师应采用的方法是（　　）。

A. 不让俊俊参加任何户外活动

B. 让俊俊参与各种户外比赛项目

C. 提前安排好不同的活动策略，带动俊俊参与活动并时刻观察其状态

D. 带领俊俊离开户外活动场地

第三节 幼儿园游戏活动中的安全隐患及预防

幼儿园游戏活动是指幼儿园一日生活中幼儿自发、自主、自由的实践活动。它能满足幼儿身心发展的需要，能发展幼儿的想象力、创造力和交往合作能力，促进幼儿情感、个性健康发展。

教师应根据幼儿的年龄特点、实际经验和兴趣，创设游戏环境，选择幼儿游戏内容；应因地制宜，就地取材，为幼儿提供安全、卫生、有教育性的游戏材料和自制玩具。

幼儿园游戏活动中的安全隐患主要是幼儿在游戏过程中可能受伤，如发生磕碰伤、扭伤等。

一、安全隐患

幼儿不遵守游戏规则，在游戏过程中打闹、嬉戏，容易导致幼儿受伤。

幼儿奔跑速度过快，造成摔倒或发生磕碰伤。

未考虑幼儿身心特点，游戏道具设置不合理，形成安全隐患。

二、预防措施

教师应对游戏有充分估计。如果游戏中跑动较多、活动量较大，就应选择较宽敞的场地；如果游戏中有翻滚动作，最好在场地上铺上软地垫。

游戏前，教师要和幼儿说明游戏中存在的安全隐患，让幼儿有意识地控制自己、保护自己。

教师在尊重幼儿的同时，也要关注幼儿的安全。一旦他们有危险行为，应马上制止。

游戏时，教师应提醒幼儿要遵守规则。

在活动室内做游戏时，教师应提醒幼儿保持安静，慢慢走动，以免发生碰撞。

教师可通过安全教育课程、角色扮演活动等让幼儿了解游戏中的安全隐患。

想一想，练一练

设计一个幼儿园户外小游戏，写出游戏中可能出现的安全隐患及预防措施。

第四节　幼儿园学习活动中的安全隐患及预防

幼儿园学习活动是指幼儿园教师有目的、有计划地发起的，采用集体活动形式组织的师幼互动活动或教师引导下的同伴互动活动，旨在促进幼儿互相分享交流，丰富幼儿经验，强化学习体验，引导幼儿主动探索，促进每位幼儿在不同水平上得到发展。

一、安全隐患

幼儿在学习活动中嬉戏打闹，容易造成意外伤害。

幼儿搬椅子、坐椅子时不注意身边的其他幼儿，造成刮伤、挤伤。

幼儿传递尖锐物品时，造成划伤或刺伤。

分组教学时，教师对幼儿人数掌握不清，造成不熟悉幼儿园环境的幼儿在园内迷路或者在无人照看的环境中发生意外情况。

二、预防措施

进行分组教学时，教师要清点好幼儿人数再分组。应先清点自己所带组幼儿的人数，再与另一组教师核实人数并汇总人数。

教师应提醒幼儿遵守搬椅子、坐椅子的规则，即搬椅子时平着搬，坐椅子时平稳坐，坐满椅面的2/3，不晃动椅子，上课时不让椅子发出声音。

在幼儿并排摆放椅子时，教师要特别提醒幼儿注意不要夹住手。教师要进行相关的教育活动，引导幼儿意识到搬椅子时如果不及时将手拿开，可能会夹住手。

幼儿刚开始学习使用剪刀时，教师要教育其养成良好的使用习惯。

教师要教育幼儿不能用尖锐的剪刀、铅笔对着自己或他人挥舞，如果别人做这些危险动作则要避开。走动时应将尖锐物品放在桌子上。给同伴递剪刀时，要用手心握住剪刀尖部，并将剪刀尖部朝向地面。

每次学习活动的时间要根据活动内容、活动方式和幼儿年龄而定。要合理安排时间，以使幼儿不过度疲劳为宜，有时可以进行个别化教学。

想一想，练一练

1. 幼儿园学习活动时间和次数要严格执行幼儿园课程规定，每周不能超过______次，小班每次活动时间为______分钟。

2. 幼儿将剪刀递给同伴时，剪刀尖部要朝向______，用______握住剪刀尖部。

3. 除了本章所讲内容，请针对幼儿园活动中可能出现的其他安全隐患进行讨论并提出相应的预防措施。

第三章 幼儿常见意外伤害应急处理与预防

学习目标

1. 了解常见的幼儿意外伤害。
2. 掌握幼儿常见意外伤害的应急处理方法。
3. 掌握幼儿常见意外伤害的预防措施。

建议课时：26 课时

第一节　幼儿意外伤害的类型与特点

意外伤害是指外来的、突发的、非本意的、非疾病的，使身体受到伤害的客观事件。意外伤害与故意伤害相对应，它不是人刻意造成的，具有不可预见性。生活中较为常见的意外伤害有动物抓咬、交通意外、溺水、运动拉伤、摔伤、烫伤、烧伤等。

幼儿由于身体协调能力弱，对潜在危险的预判能力较差，很容易发生意外。幼儿意外伤害大多是在极短时间内发生的，无法防御，但可以通过措施加以预防，降低伤害发生概率或减轻伤害。

一、幼儿意外伤害的类型

按照受伤部位不同，幼儿意外伤害可分为骨、关节、肌肉、牙齿损伤，头部损伤，皮肤损伤，内脏损伤等。

按照致伤原因不同，幼儿意外伤害可分为割伤、刺伤、划伤、磕碰伤、烧伤、烫伤、晒伤、摔伤、溺水、异物入体伤、动物伤害等。

这些意外伤害既可能在幼儿园内发生，也可能在幼儿园组织户外活动时发生。

二、幼儿意外伤害的特点

了解幼儿意外伤害的特点，是预防幼儿意外伤害的重要前提。

1. 性别

男孩发生意外伤害的概率明显高于女孩，这是因为男孩生性更顽皮好动，探究欲更强，且情感上更易冲动，所以幼儿园要加强对男孩意外伤害的预防工作。

2. 类型

幼儿意外伤害绝大多数是跌撞引起的骨骼或肌肉损伤，其次是动物伤害、砸伤、抓伤等伤害。幼儿活泼好动，充满好奇心，他们在活动中容易忽视周围的环境因素，当追逐奔跑、嬉戏玩闹时，稍不留意极易摔倒、碰伤。所以，幼儿园应对此类问题重点关注，做好预防。

3. 季节

据不完全统计，幼儿意外伤害在春季发生的比例较高。春季幼儿活动量增大，易冲动、暴躁，汗液的刺激会导致其自控性、动作准确性变差。幼儿园在做好意外伤害预防时应考虑季节特点。

4. 时间

在幼儿园中，幼儿意外伤害多发生在 10：00—14：30。此时，教师在组织幼儿上课或游戏后，状态由紧张转为放松，对幼儿的安全监护也有所松懈，而幼儿也从兴奋期进入疲劳期，体力和自控能力明显下降。因此，这一时间段容易发生幼儿意外伤害。幼儿园应该有针对性地加强防范意识，采取相关措施。

5. 地点

在幼儿园中，幼儿意外伤害较多发生在有大型设施的户外活动场所，其次是盥洗室和活动室。幼儿园户外活动场所中，大型活动设施造型新颖、色彩鲜艳、玩法有趣，幼儿活动时容易兴奋，忘记保护事宜，缺乏自我保护能力的幼儿极易发生意外。

第二节　常见皮外伤及出血应急处理与预防

一、磕碰伤

磕碰伤在幼儿意外伤害中较为常见。较轻的磕碰伤可致幼儿身体疼痛或组织肿胀、淤血，较严重的可致出血，更严重的可致骨折，此时幼儿园保健医生需要先进行紧急处理，避免伤害加重或出现二次伤害，再将幼儿送往医院治疗。

幼儿园某班幼儿午睡起床后，教师帮助幼儿整理床铺、被褥。一名幼儿整理完自己的衣物后，看教师还在整理床铺，便过来帮忙。在拉床垫时，幼儿被绊倒在地，磕到了下巴。教师觉得没那么严重，于是只对幼儿进行了轻微处理。恰巧保健医生巡班观察到这一情况，询问后仔细察看幼儿伤情，赶紧带幼儿去医院。经诊断，幼儿下巴撕裂严重，里外共缝合了 9 针。所幸保健医生处理及时，没有错过最佳治疗时间。

思考：遇到类似情况时，教师应如何进行处理？

1. 急救方法

（1）处理肿胀、淤血部位

切不可用手揉伤处，而应让幼儿试着慢慢活动，确认有无大碍。如无大碍，可在幼儿伤处涂抹一些芦荟胶以消肿。

（2）处理破皮部位

将药用棉签蘸少许碘伏或消毒水，轻擦伤处进行消毒。注意应由内向外旋转擦拭，避免细菌侵入伤处而引起伤口感染。

幼儿磕碰伤应急处理

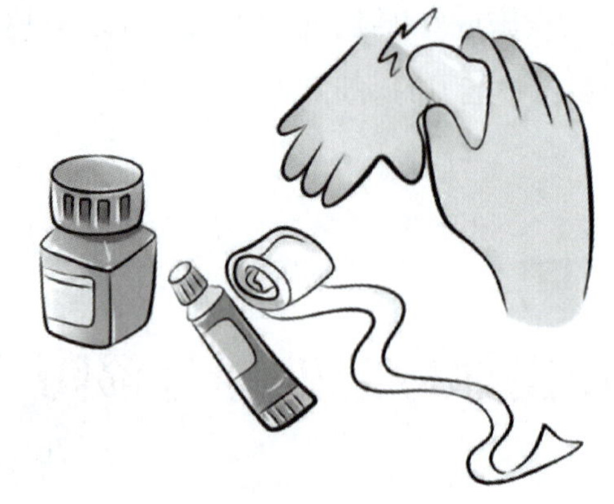

2. 预防措施

墙体拐角、方柱棱角、方桌棱角、器械边角等要做好软化包装处理，或采取其他安全防护措施，不留隐患。

定期检查大型活动设施并记录，发现隐患立即排除，隐患未排除前应停止使用。

发现设施、设备破损和损坏时，应及时组织人员修复。

组织户外活动时，教师要随时观察每位幼儿，规范幼儿的行为。幼儿活动范围不要太分散，要在教师的视线及可控范围内。避免教师因过于疲劳或保护不力、措施不到位、保护方法不当造成幼儿意外伤害。小班的户外活动时间和地点要与中班、大班分开。

二、切割伤与划伤

某幼儿园加餐时，教师忙着照看幼儿。一名幼儿趁教师不注意，拿起水果刀玩耍。在模拟教师切水果时，其手指被划了一道伤口，伤口出血。

思考：遇到类似情况时，教师应如何进行处理？

幼儿常见利器切割伤与划伤多因玩具小刀、美工刀、破碎玻璃及瓷器等锋利物品造成。

1. 急救方法

对于伤口较小、较浅的切割伤可采用直接压迫止血法，也可以先清洁伤口周围，如用生理盐水或双氧水清洁伤口，将异物处理干净。然后，用酒精或碘伏由里向外消毒。

如果伤口较大、出血较多，必须先止血并将伤处抬高，然后立即将伤者送医院处理。

2. 预防措施

剪刀、刀子、针等锐利物品要放在专用材料柜、储藏室内，并且要放在幼儿够不着、摸不到的地方。

通过开展游戏活动的形式经常对幼儿进行相关内容的安全教育，教育幼儿正确使用锐利的工具，增强幼儿的安全意识，提高幼儿自我保护的意识和能力。

三、刺伤

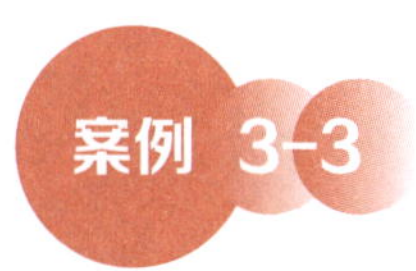

某幼儿在户外自由活动结束后不肯洗手，教师询问时他告诉教师自己手指疼痛。教师检查后发现，该幼儿食指尖部皮肤又红又肿，仔细察看发现其手指尖有木刺刺入，可能是幼儿在外玩耍时树枝木刺刺入了手指。

思考：遇到类似情况时，教师应如何进行处理？

幼儿常见刺伤多因玻璃碴儿、木刺、竹刺、铁钉、木屑等锐利物刺入皮肤所致，伤口深而狭窄，容易感染。

1. 急救方法

用生理盐水或冷开水清洗伤口。

检查伤口是否留有异物。如果有，用消过毒的工具将其清除。

确认伤口无异物后，用碘伏或酒精涂擦伤口周围消毒。

2. 预防措施

桌椅、板凳、教具、玩具等要清除毛刺，饮水桶、毛巾架等要固定好。

通过开展游戏活动等形式经常对幼儿进行相关内容的安全教育，增强幼儿的安全意识，提高幼儿自我保护的意识和能力。

四、出血

某幼儿在户外玩耍奔跑时不小心摔倒，手掌心出血。幼儿大声哭闹，称感到剧烈疼痛，手活动不方便。

思考：遇到类似情况时，教师应如何进行处理？

出血是一种常见的外伤症状，上面所述的磕碰伤、切割伤、划伤、刺伤等，均可致幼儿出血。出血症状有轻微和严重之分，少量出血容易止住，较为轻微，而严重损伤引起的大出血可能危及幼儿生命，应立即采取止血措施。

1. 出血类型

常见的出血有以下三种类型：

一是动脉出血，血色鲜红，血流量大，短时间内可大量失血，必须立即将伤者送往医院。

二是静脉出血，血色暗红，血液流出较慢。

三是毛细血管出血，血液像水珠一样渗出，可自行凝固。

2. 急救方法

如果是较小伤口引起的静脉出血或毛细血管出血，可用干净的纱布、棉花垫在伤口上，用绷带包扎，即可止血。

对于较大伤口引起的出血，可将干净的棉花、纱布等敷料盖在伤口上，用绷带包扎止血。也可将陈艾叶搓成艾绒点燃，用以炙烤伤口，止血效果也很好。

对于动脉出血可采用指压止血法，这是动脉止血最快速、最有效的一种临时止血方法，即用单个或多个手指压住出血血管的上端，压闭血管，阻断血流，同时将伤者急送医院进行处理。

下面针对不同出血部位，介绍具体的急救方法。

（1）面部出血

对于面部出血，可压迫两侧下颌骨。救护者可用拇指在伤口同侧下颌骨前方 2 厘米处触及动脉搏动，向下按下颌骨，使面部动脉被压闭而止血。

（2）前臂出血

对于前臂出血，可压迫肘窝（偏内侧）动脉跳动处止血。

（3）手掌、手背出血

对于手掌、手背出血，可压迫腕动脉跳动处止血。

（4）手指出血

对于手指出血，可将手指屈向掌心成握拳状以止血。

（5）大腿出血

对于大腿出血，可屈曲大腿，压迫大腿根腹股沟动脉跳动处止血。

（6）脚部出血

对于脚部出血，可压迫脚背动脉跳动处止血。

3. 预防措施

将小刀等锐器放在幼儿拿不到的地方。

经常检查幼儿衣服口袋，如果发现有危险的东西，要由教师妥善保管。

教育幼儿不把带尖、带刺的东西当作玩具。

时刻注意幼儿活动中的安全。

想一想，练一练（单项选择题）

1. 幼儿毛毛摔倒后，左臂肘部皮肤表皮有破损，创面有较多小出血点并伴有组织液渗出，还附有一些沙土。皮肤层有明显的刮痕，部分表皮脱落。根据伤口特点，毛毛的外伤属于（　　）。

A. 切割伤　　B. 擦伤　　C. 刺伤　　D. 挫伤

2.（接上题）经过检查，带班教师接下来的做法正确的是（　　）。

A. 安慰幼儿，然后直接带毛毛去保健室处理伤口

B. 安慰幼儿，然后给幼儿家长打电话告知情况

C. 安排其他教师看护班上的幼儿，然后安慰毛毛，并带他到保健室处理伤口

D. 从活动室取出外用药给幼儿处理伤口

3.（接上题）幼儿来到保健室后，以下处理方式正确的是（　　）。

A. 先使用酒精对幼儿的伤口进行清洗，然后抹上抗菌软膏

B. 直接用手摸幼儿的伤口，然后用生理盐水对伤口进行冲洗

C. 先用流动清水冲洗伤口，再用碘伏消毒

D. 先用流动清水冲洗伤口，再在伤口上涂抹牙膏

4. 午睡时，幼儿蛋蛋的额头不小心撞到了床沿儿，他的额头瞬间凸起一个红红的大包，但是没有流血。下列处理方法中正确的是（　　）。

A. 将冰袋直接敷在幼儿伤处消肿

B. 在伤处抹跌打药，然后用手揉搓伤处，促进消肿

C. 让幼儿仰卧休息，抬高双腿，加速头部血液循环

D. 将冷毛巾敷在幼儿伤处消肿

5. 下列关于轻度擦伤、切割伤、刺伤的处理方法，表述正确的是（　　）。

A. 清创时应从四周向中间清洁伤口及其周围皮肤

B. 可以在伤口涂抹牙膏、食用油等止血

C. 应迅速用冰块冷敷伤口

D. 这些都是小伤，不用处理

第三节　骨、关节、牙齿损伤应急处理与预防

一、骨折

某幼儿园体育课上，幼儿们在教师的指导下在操场上玩“老狼老狼几点啦”的追逐游戏。活动前，教师已经带领幼儿们做好了相关准备工作。活动中，幼儿青青被扮演大灰狼的帅帅定为追逐目标。不料在一次转身躲闪时，青青突然失去平衡，摔倒在地，造成骨折。

思考：遇到类似情况时，教师应如何进行处理？

1. 急救方法

若骨头完全断裂，会出现疼痛、功能障碍、畸形等症状。现场急救的基本原则是使断骨不再刺伤周围组织，不使骨折加重。

具体可采用固定处理法，用薄木板（或竹片、硬纸板等）将伤处固定。固定前先垫上一层棉花或布，再用薄木板把断骨固定住，露出手指或脚趾。绑得不能太紧，要保持良好的血液循环。如果肢体的皮肉已损伤，断骨露在外面，就不要把断骨硬塞进去，而应在伤口上盖上纱布，然后固定。

2. 预防措施

强化幼儿监管强度，增强幼儿自我保护意识，营造安全的生活及活动环境。

教师应当学会一些简单的骨折处理方法。当意外伤害发生时，合理、规范的处理措施可以避免对幼儿的二次伤害。

二、关节扭伤

幼儿青青入园时穿上了妈妈给她买的新皮靴，鞋跟和鞋帮都较高。青青在户外活动时和小朋友追逐打闹，不慎摔倒后无法站起，教师将其扶起后发现青青脚不敢落地。青青对教师说感到脚剧烈疼痛，无法走路。教师第一时间察看，发现青青的脚踝又肿又青。

思考：遇到类似情况时，教师应如何进行处理？

幼儿关节扭伤多发生在幼儿运动、游戏等活动中，多为关节处软组织受伤，伤处肿痛发青，幼儿无法灵活运动。

1. 急救方法

教师迅速检查幼儿受伤情况，判断是否骨折。

如果没有骨折但伤处出血，立即对伤处冷敷，使血管收缩以利于止血，并达到止痛的目的。

一天之后对伤处热敷，以改善伤处的血液循环，减轻肿胀。

2. 预防措施

定期检查和维修幼儿园的滑梯、攀登架等活动设施。

幼儿户外游戏、活动时，教师注意观察，提醒幼儿注意安全。

若遇到不安全的情况，教师要及时给予幼儿适当的指导、帮助。

教师要教育幼儿不打架、不拥挤，遵守活动规则，培养幼儿团结友爱的精神和遵守秩序的习惯。

三、脱臼

某幼儿园组织户外活动，玩“谁的力气大”游戏，即让一名幼儿蹲坐在地上，另外一名幼儿用手将蹲坐的幼儿拉起来。糖糖被其他幼儿拉胳膊时突然大哭，手臂无法抬起。经保健医生察看，初步判断为胳膊脱臼。

思考：遇到类似情况时，教师应如何进行处理？

桡骨小头位于肘关节部位，6 岁以下的幼儿易发生桡骨小头半脱位。例如，给幼儿穿脱衣服，幼儿摔倒时手臂被猛撞，或在幼儿前臂内旋时用力牵拉其手部，都可能使幼儿桡骨小头向下滑出环状韧带，造成半脱位。有时即便轻轻拽幼儿的前臂，也可能发生桡骨小头的半脱位。

脱臼的症状是：肘部异常疼痛，一般无肿胀，无外形改变；患肢呈半屈位，前臂内旋；幼儿会拒绝他人触碰，不肯用手拿取东西及活动肘部。

1. 急救方法

提醒幼儿尽可能不要活动手臂，对于年龄小的幼儿应立即送去医院就诊。

对于大一些的幼儿，可将其手臂放在平板（如木板、硬塑料板）上，用布或毛巾缠起来固定，再送医院就诊。

2. 预防措施

不要让幼儿的手臂过于伸直，要为幼儿提供足够的缓冲保护，一定要避免过猛地牵拉幼儿的上肢。

给幼儿穿脱衣服时动作要轻，不要生拉硬拽。

拉幼儿手时不要过于用力，牵扯前行速度也不要太快，不能像提东西一样提起幼儿的手臂。

四、牙齿外伤

某幼儿园组织户外活动时，一名幼儿奔跑中摔倒了，口中有血渗出，教师第一时间察看伤情，发现是门牙磕掉了。

思考：遇到类似情况时，教师应如何进行处理？

幼儿发生牙齿外伤后，如果没有及时处理，很容易影响颚骨发育，造成牙齿错位、牙髓组织损坏等。

1. 急救方法

幼儿牙齿外伤最为常见的症状是牙齿松动、折断，并且伴有疼痛。此时应先用清水冲洗口腔，去除血渍和异物，然后判断牙齿松动的程度。若较为严重，应及时带幼儿就诊，避免留下后遗症。

对于完全脱出的乳牙，可以将其留好，浸泡在纯牛奶中，以便在就诊时确定幼儿口中是否遗留有牙齿的残片。之后需要拍摄 X 光片，判断外伤是否对恒牙发育造成影响。

牙齿折断

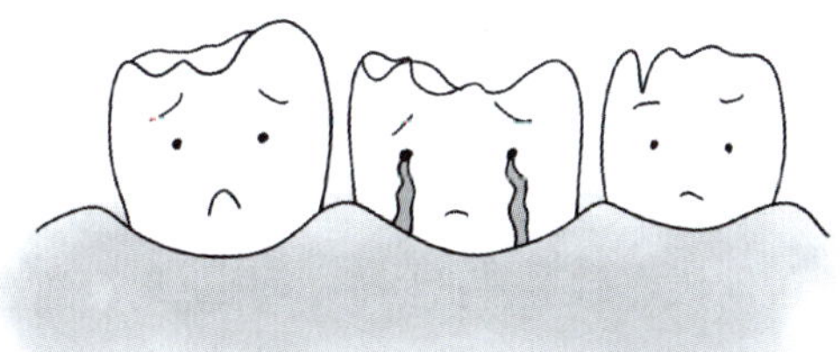

2. 预防措施

让幼儿平时最好穿鞋底不滑的旅游鞋、运动鞋。

教育幼儿不要用石子、碎砖等危险物品互相投掷。

幼儿在玩滑板、轮滑等高速度、高风险运动时，应为其戴上头盔或牙托等防护用具，减少牙齿受伤的危险。有必要时可以戴上面罩来保护牙齿。

想一想，练一练

1. 与小组成员共同模拟幼儿小腿骨折的应急处理操作，并简述操作步骤及预防措施。

2. 简述造成幼儿脱臼的原因并列举预防措施。

第四节　高处跌落头部受伤及烧烫伤应急处理与预防

一、高处跌落头部受伤

某幼儿园的床为上下铺。一天中午，站在上铺与下铺的两名幼儿伸手打闹，在打闹和闪躲过程中上铺幼儿没有站稳，不小心摔了下来，头部触地受伤，出现局部淤肿。

思考：遇到类似情况时，教师应如何进行处理？

1. 急救方法

幼儿从高处跌落后，教师要仔细观察幼儿的反应。

如果幼儿大声啼哭，说明没有昏迷。此时应察看幼儿头部有没有伤口，如果有活动性出血，应该立即将其送至医院就诊，处理头部伤口并打破伤风针。

如果幼儿意识不清，则立即拨打 120 电话，将其送入医院治疗。

如果幼儿不哭不闹，没有动静，教师需要立刻提高警惕。首先拍拍幼儿的背部，确认其是否清醒。如果没有反应，则第一时间送往医院就诊，对头部做 CT 检查，看颅内是否出血。

有的幼儿受伤后虽然人是清醒的，但是会突然呕吐，拍自己的头，这时要考虑是否出现颅内压增高，应该立即将其送往医院进行头部检查，看颅内是否出血。

此外，还要观察幼儿耳、鼻有没有出血或有无清亮液体流出，评估是否发生颅底骨折。

幼儿从高处跌落后，除可能发生头部受伤外，身体其他部位还有可能发生骨折。如果幼儿脖子不能动，则可能发生颈椎骨折或脱位。因此不要着急将幼儿抱起来，首先要仔细察看，再做相应处理。

2. 预防措施

不要在靠近阳台的位置堆放杂物或桌椅，以防幼儿攀爬不慎坠落。

加强看护，切勿放松警惕。

加强幼儿安全教育。

二、烧烫伤

一日上午，某幼儿园保育员在过道的磨光石地上用热水拖地板，水桶就放在过道中间。此时，4 岁的豆豆在室外活动结束后返回教室。由于地面十分湿滑，豆豆在行走时不慎滑倒，双手及上肢撑入水桶内，被桶内约 70 ℃的热水烫伤。

思考：遇到类似情况时，教师应如何进行处理？

幼儿皮肤较薄，在同等热力作用下较成人受伤更为严重。如果幼儿不小心烧伤或烫伤，可以通过受伤面积、受伤部位和伤口深度判断幼儿是否需要立即送专业医疗机构进行治疗。

1. 急救方法

在幼儿被烧伤或烫伤后，首先需要及时去除伤口处含热液的衣服，避免持续受热源伤害。如果衣服比较紧，不要强行脱去，可以使用剪刀剪开。

及时使用凉水冲洗受伤部位，或使用冰块进行冷敷，可以起到止痛及防止起水泡的作用。

后期如果出现创面红肿及疼痛，可能是表皮层损伤，可以外用湿润烧伤膏或京万红软膏涂抹。

如果有水泡形成或皮肤破损，则可能属于真皮层损伤。较大的水泡可以挑破，在其外部使用碘伏或酒精消毒，再涂抹烧伤膏，用无菌纱布包扎伤口，防止感染。

现场紧急处理后立即通知家长，并带幼儿去医院就诊。

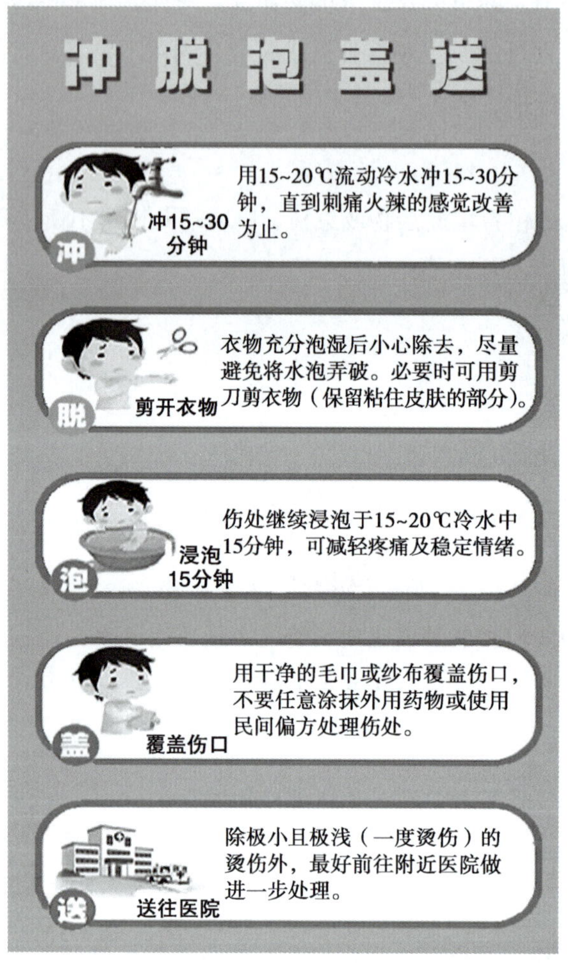

幼儿烧烫伤
应急处理

2. 预防措施

热饭、热菜、热汤要放在幼儿摸不到的地方。

不允许幼儿进厨房、配餐室、锅炉房、配电室等危险区域，教师进出这些区域时须随手关门，防止幼儿私自溜入、误入或跟随教师混入其中。

幼儿尿湿衣裤须换衣、冲洗时，一定要先调试好水温，可先用手背试水温。

幼儿进餐、饮水或服药时，食物和水的温度要适宜，以手摸器具感觉不烫手为宜。

班级保温桶盖要上锁，防止幼儿因好奇打开保温桶盖，造成烫伤。

请根据视频简要说出幼儿烧烫伤的应急处理方法。

第五节　异物入体应急处理与预防

4 岁的天天喜欢咬自己的衣服纽扣。一天，幼儿园教师发现天天的衣服纽扣少了一颗，便问他是什么原因。天天说在咬衣服时纽扣掉下来了，他觉得掉下来的纽扣容易丢，就想着先把它吃到肚子里随身带着保存。教师了解情况后，第一时间带天天去医院就诊。

思考：遇到类似情况时，教师应如何进行处理？

入体异物一般包括气管异物、消化道异物、鼻腔异物、外耳道异物、眼睛异物等。幼儿天生喜欢探索，且缺乏自我保护意识，容易将各类细小的物品放入口腔、鼻腔、外耳道等部位，从而造成不同程度的意外伤害。

一、误食药物与有毒物质

一名 3 岁幼儿在幼儿园室外玩耍时，发现了花丛中喇叭花的种子。该幼儿很好奇，把喇叭花种子吃了下去，引起中毒。

思考：遇到类似情况时，教师应如何进行处理？

1. 急救方法

（1）幼儿可能误食有毒物质的急救方法

1）催吐。如果是 2 岁以下的幼儿，教师可一手抱着幼儿，另一手伸入幼儿口内刺激其咽部，使其将毒物吐出。若是 2 岁以上的幼儿，可先让其饮下清水，再让其张大嘴，用筷子或手指等刺激其咽部，使其呕吐。可如此反复让幼儿饮水、催吐，直到吐出的水全是清水为止。

2）解毒。对于误服强酸、强碱类液体的幼儿，可用牛奶、面糊、蛋清等作为洗胃剂，这样既可达到洗胃的目的，又能保护其食道、胃黏膜。若幼儿误服有机磷农药中毒，在幼儿的呼气中能闻到大蒜味，可让其喝下肥皂水解毒，同时，立即送医院急救。

如果幼儿摄入有毒物质超过 4 小时，则毒物已进入肠道，应立即送医院急救。

急救的同时，要收集幼儿吃剩的东西、呕吐物，以及可能在幼儿口袋内残留的有毒物质，以供医生检验毒物性质，为治疗提供依据。

（2）幼儿可能接触有毒物质的急救方法

如果接触部位是皮肤，应尽快用大量流动清水冲洗接触部位 15 分钟左右。

如果接触部位是眼部或口腔，应用清水冲洗眼部和口腔 15 分钟左右，并尽快将幼儿送医院就诊。

（3）幼儿可能吸入有毒物质的急救方法

如果幼儿尚有意识，或幼儿虽无意识但自主呼吸正常，应立即将幼儿送医院或让幼儿呈侧卧位休息，等待专业急救人员到达。

如果幼儿无意识，也没有自主呼吸，应尽快对其实施心肺复苏，直到专业急救人员到达。

2. 预防措施

对常备药品应加强管理，贴上醒目标签，将药品放在幼儿不易拿到的地方，不能将其与食物放在一起。

给幼儿喂药时，要看清楚标签上的姓名、药品名称等。

教育幼儿不随便吃东西。

二、异物进入气管

幼儿佳佳穿了一件好看的衣服，胸前有很多小珠子。但幼儿园教师发现她经常用手

剥珠子，因怕发生意外，便阻止了数次。中午，突然有个小朋友说："老师，佳佳把一个珠子塞到鼻子里了。"教师赶忙跑过去，发现佳佳的神情很紧张，嘴巴张大，呼吸急促。

思考：遇到类似情况时，教师应如何进行处理？

幼儿的咀嚼功能、喉防御反射功能及会厌软骨协调功能不完善，对进入口中或鼻中的异物，有时不能做出及时的反应，尤其是在跑、跳、打闹、情绪不稳定时，这些异物常常会进入气管或支气管中，造成气管阻塞，从而引起呼吸困难甚至窒息。

1. 症状

教师可参考以下症状判断幼儿气管是否有异物：突然剧烈咳嗽，呼吸困难，表情痛苦，呕吐，嘴唇、脸色青紫，比"V"形手势（幼儿会自发地将手放在颈部，形成"V"形手势）。

2. 危害

人体呼吸道对所有的异物都非常敏感。如果异物较小，则容易进入支气管，幼儿开始时可能会有剧烈咳嗽、憋气、呼吸困难等症状，然后逐渐好转。

如果异物存留体内，刺激气管黏膜，则可产生炎症，如支气管炎、肺炎等，还可出现咳嗽、喘息、呼吸困难、发热甚至高热等症状。

若异物较大，可能会阻塞气管，幼儿可能出现严重呛咳、呼吸困难等症状，甚至会因缺氧而窒息死亡。即使抢救成功，也有可能因脑部缺氧时间过长而出现瘫痪、智力低下等后遗症。

3. 急救方法

当发现幼儿气管中可能有异物时，教师应沉着冷静，根据残留的异物及幼儿所表现出的症状迅速做出判断，不一定要确定异物的具体位置后再施救，而应及时根据幼儿是否有意识、是否有自主呼吸给予紧急处理。急救方法如下：

（1）尽快进行生命体征评估和二次评估，可询问幼儿或根据幼儿身边残留的异物弄清楚异物的性质。

（2）安排其他教师维护现场秩序，并安抚幼儿的情绪，告诉幼儿教师可以帮助他。然后，根据具体情况选择应对措施，如采用海姆立克急救法。同时，让身边的人通知120急救中心和幼儿家长。

海姆立克急救法操作步骤

让幼儿站立，身体略前倾，头略低，嘴张开。施救者站在幼儿身后，以前腿弓、后腿蹬的姿势站稳，使幼儿靠在自己弓起的大腿上。

施救者一手握拳，置于幼儿肚脐与剑突中间处。另一只手包住拳头。

双手用力，有节奏地向内、向上挤压和冲击幼儿的上腹部，每次约一秒，5次为一个周期。

随时留意幼儿的口腔，如异物已经被冲出，则迅速用手指从口腔一侧将异物取出并停止冲击，然后检查幼儿的意识和自主呼吸状态。

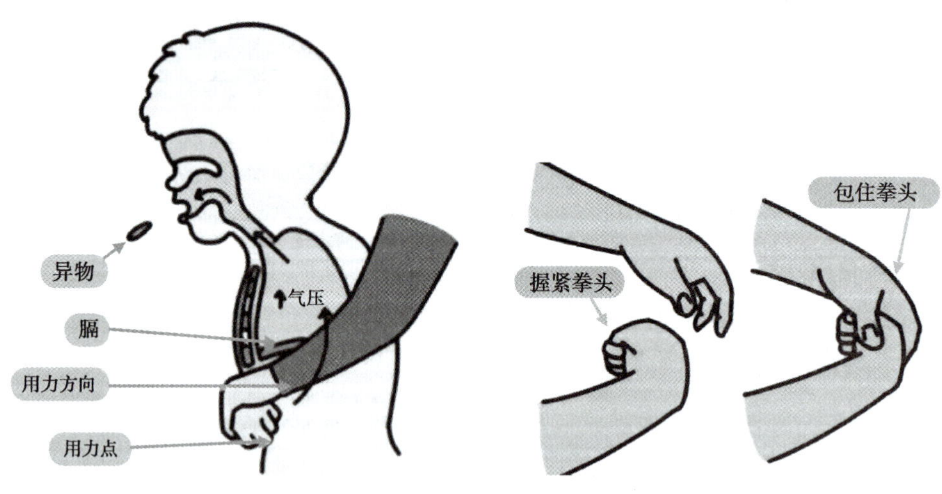

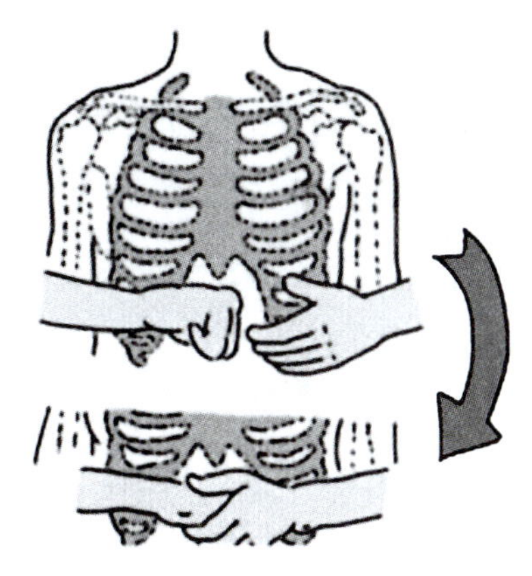

4. 预防措施

（1）加强幼儿的行为习惯教育

教育幼儿不能养成口内含物的习惯。当幼儿口腔中含有食物时，成人不可引逗幼儿哭笑、说话或惊吓幼儿，以免幼儿将食物吸入气管内，造成窒息等情况。

不要让幼儿躺在床上吃东西，或含着食物睡觉。

教育幼儿养成良好的进餐、饮水习惯，做到进餐时注意力集中，坐姿端正，细嚼慢咽，进餐时不要打闹、追逐。

（2）加强幼儿安全教育

教育幼儿不要将纽扣、硬币、玻璃珠、豆子、瓜子等小物品带入幼儿园，更不可以将其放入口腔、耳朵、鼻腔等部位，应向其告知这种行为可能带来的危险。

教育幼儿如果不小心将异物放入口、鼻中，应及时告诉教师或家长。要让幼儿知道这样做不会被批评，以免其因害怕被批评而不愿告知成人。

（3）管理好幼儿的食物及玩具

不给低龄幼儿提供有较小零件的玩具。如果幼儿需要玩这类玩具，应在一边陪伴、观察。

根据幼儿的年龄特点，为其提供合适的食物，如给低龄幼儿的食物要做到小块、无刺、无骨。低龄幼儿不宜独自食用干果、豆类、瓜子、花生米或果冻等食物。

切忌捏鼻子给幼儿喂水、喂药，这样可能导致异物意外阻塞气管或食道。

不可强迫幼儿吃饭，也不要让幼儿进餐时受到责骂、批评和惊吓。

教师要随时注意幼儿口中是否有残留食物未下咽。教师应养成睡觉前检查幼儿口腔的习惯。

幼儿睡眠时，教师要随时巡视幼儿睡眠情况，观察幼儿是否在被子里吃豆子、花生、果冻、糖果等食物，防止食物被幼儿误吸入气管。

幼儿在进食时要保持情绪稳定、愉快，要在安静的状态下进食，防止食物误入气管。

教师可建议家长不要给幼儿佩戴各种饰物。

三、异物进入消化道

一天上午，幼儿乐乐在班级集体活动时将一颗小玻璃球放进嘴巴里吞了进去，其他幼儿发现后告诉了教师。教师立即将乐乐送往医院。

思考：遇到类似情况时，教师应如何进行处理？

1. 危害

消化道异物对幼儿健康所造成的危害取决于异物的大小、形状，异物是否有毒，异物是否引起感染以及异物停留在消化道的时间等因素。

如果是体积小、表面不尖锐的异物，一般吞下后会进入胃肠道，数日后可以自行排出，不会有什么危害。

如果是较大或团状且无毒的异物，则较容易卡在咽部或者食管中，使幼儿咽部阻塞或气管受到挤压而导致窒息，对此应及时进行急救。

如果是尖锐或有锋利边角的异物，则容易刺伤幼儿的消化道，导致消化道出血，腹部疼痛，甚至造成感染。更为严重的，可刺伤幼儿的颈动脉，导致其大量失血而危及生命。

如果异物具有腐蚀性或毒性，则会产生较大危害。如果不及时取出，轻则造成消化道溃疡、穿孔，重则危及幼儿生命。

如果异物为多个有磁性的物体，且吸力足够大，则会导致磁体隔着肠壁吸在一起，使肠壁因被持续压迫而坏死，引发肠穿孔、肠瘘、肠梗阻等病症。

2. 急救方法

如果幼儿未出现呛咳、呼吸困难、面色青紫等缺氧症状，此时异物可能已进入食管。如果发现幼儿突然出现上述症状，则应高度警惕异物有可能已进入气管。

首先要对异物的位置迅速做出判断。如果在口腔内，可直接用手掏出。如果口腔内看不到异物，不可强行挖取。因为强行挖取会使幼儿深吸气，从而加速异物的吸入。

如果幼儿吞咽的是光滑异物，且没有不适的感觉，则不必催吐。因为催吐有时反而会使异物被误吸入气管而发生窒息，尤其幼儿更易如此。

发现幼儿吞下异物后，应立即将其送医院就诊。切忌强行采用吞咽饭团、馒头、韭菜等方法，以免加重损伤，出现并发症。

3. 预防措施

给幼儿发放的玩具要符合安全标准，防止幼儿误把小玩具当食物吃进肚子或含在口中，发生意外。

进行户外活动时，要注意幼儿是否捡了石子、小棍等物品，如发现要及时丢弃，防止幼儿把异物放进口中。

如发生异物进入幼儿消化道，教师不要随意采取措施，而应弄清情况，在保健医生的协助下进行科学安全的施救。如无法处理，应及时送往附近医院进行抢救，并立即通知家长。

每天晨检、午检时，要询问幼儿是否带有异物。发现后统一收缴，由教师集中保管。

告知家长不要让幼儿携带零食或不适宜的玩具入园。

四、异物入鼻

幼儿园某班上美术课时，一名幼儿不小心将画笔的笔盖塞到鼻孔里拿不出来了。幼儿急得大哭，教师急忙安抚该幼儿，并联系保健医生进行紧急处理。

思考：遇到类似情况时，教师应如何进行处理？

1. 急救方法

安排其他教师维护现场秩序，并安抚幼儿的情绪，告诉幼儿教师可以帮助他，然后再做出相应的应急处理。

告诉幼儿用口呼吸，尽量不要用鼻子呼吸，以免将异物吸得更深甚至吸入气管。

尽快进行伤情评估，可询问幼儿或根据其身边残留的异物弄清鼻腔中异物的性质。用手指将幼儿的鼻尖向上抬起，然后观察鼻腔内部，尽量弄清楚其鼻腔中异物的性质和位置，再根据评估结果尝试排出异物。具体方法如下：

（1）异物较小、无尖锐边角、位置可见的急救方法

可用纸捻刺激鼻腔，使幼儿打喷嚏，将异物喷出。也可捏住幼儿的一侧鼻孔，让其用口吸气，然后做擤鼻动作，将异物喷出鼻腔。

若异物无法从幼儿鼻腔排出或幼儿年龄过小不易配合，应将其送医院处理，并及时联系幼儿家长。

（2）异物位置不可见，或异物尖锐、较大、圆滑的急救方法

不要盲目处理，应立即送医院处理，并联系幼儿家长。

2. 预防措施

进行户外活动时，注意幼儿是否捡了石子、小棍等物品，如发现要及时丢弃，防止幼儿把异物塞进鼻中。

每天晨检、午检时要询问幼儿是否带有异物，发现后统一收缴，由教师集中保管。

五、异物入眼

处理眼内异物时，区分异物的性质和所处位置很重要，这直接决定应选择何种处理方式。

1. 急救方法

尽快进行伤情评估，可通过询问幼儿、观察现场场景（如有风吹起沙尘）和幼儿身边残留的异物弄清眼内异物的性质。

安排其他教师维护现场秩序，并安抚幼儿的情绪，告诉幼儿教师可以帮助他，然后采取相应措施进行处理。

教师应先清洁自己的双手，然后在光线充足的地方检查幼儿的眼睛。同时，要求幼儿不要揉搓受伤的眼睛，不要轻易转动受伤眼的眼球。

确定幼儿受伤情况后，再采取相应的急救方法。

（1）幼儿眼部轻微不适的情况

如果幼儿只是眼部轻微不适，无其他异常症状，且怀疑异物为眼睫毛、沙尘，则可先用双手大拇指将幼儿患眼的上下眼睑轻轻分开，并让幼儿向上下看、向左右看，再仔细检查眼睛，初步判断异物位置。

当异物在眼睑上时，可向眼内异物轻轻吹气，通过刺激眼泪分泌的方式将异物冲出，也可使用干净的湿棉签或纸巾的湿角将异物轻轻地粘出来。

当异物在眼球上时，可用干净的水从眼内角冲洗眼球。

（2）幼儿眼部剧烈疼痛的情况

如果幼儿眼部剧烈疼痛，并伴有流血症状，无法睁眼，且怀疑异物为玻璃碎片、金属片等尖锐物，异物可能已嵌入或刺入眼睛。此时，应让幼儿闭上眼睛，保持原状，并用无菌敷料或纸杯覆盖患眼，然后立即送医院处理，同时联系幼儿家长。此时不可盲目地检查或清除异物。

（3）幼儿无法睁眼的情况

如果幼儿无法睁眼，且怀疑异物为生石灰、清洁剂等化学物质，需要先判断异物的具体类型。

如果是粉剂类化学物，则不能直接用水冲，而应该迅速用棉签或无菌纱布将粉末拨出，然后再用流动的清水持续冲洗患眼 15 分钟以上。

如果是液体化学物，则应直接用流动的清水冲洗患眼 15 分钟以上。但要确保冲洗时患眼在下方，避免污染物进入健康的眼睛。

初步处理后，立即送医院处理，并联系幼儿家长。

2. 预防措施

尽量避免让幼儿接触弹射类玩具（如弹弓、箭等），以及有潜在危险的玩具（如带刃玩具、用易碎材料制成的玩具等）。

有棱有角的物品应包上软垫。所有尖锐的用品，如牙签、铅笔、筷子等，都应小心存放。

存放好化学洗涤品。在使用洗涤剂（如洗发水、沐浴露）时，不要将其溅入幼儿的眼里。

教育幼儿远离烟花爆竹。

不要让幼儿靠近开水、热油、火苗。

六、异物入耳

幼儿一一在和小伙伴玩耍时，小伙伴不小心将一粒小珠子放在一一的耳朵里。开始时，一一觉得不舒服，就用手去掏，可是怎么也掏不出来，难受得直哭。

思考：遇到类似情况时，教师应如何进行处理？

当发现幼儿外耳道可能有异物时，区分异物的性质和所处位置很重要，这直接决定应选择何种处理方式。

1. 急救方法

尽快进行伤情评估，可询问幼儿或根据其身边残留的异物弄清外耳道异物的性质。

安排其他教师维护现场秩序，并安抚幼儿的情绪，告诉幼儿教师可以帮助他。然后，用一只手向下牵拉幼儿患耳的耳垂，用另一只手持手电筒照射，观察其外耳道内侧，初步判断异物的位置，然后做出相应的应急处理。具体方法如下：

（1）异物位置可见且为昆虫的急救方法

可将幼儿带入黑暗室内，使用灯光照射耳道口，利用昆虫的趋光性诱导其爬出。

可以向耳中滴入食用油或温水，将昆虫溺死后再将其倒出。

如果小飞虫飞入耳朵，此时应告诉幼儿不要用手指去抠，而要用双手捂住耳朵并张口，以防鼓膜被震伤。

如无法取出异物则应送医院处理，并联系幼儿家长。

（2）异物位置可见且为植物种子的急救方法

切记不要使用水、药液等冲洗，以免种子膨胀。

尽量将患耳朝下，用轻拍外耳郭的方式让异物掉出。

如无法取出异物则应送医院处理，并联系幼儿家长。

（3）异物位置可见且为玩具、塑料珠、石子等物体的急救方法

将患耳朝下，轻拍外耳郭，将异物排出。

耳道内滑进小圆珠、玻璃球时，不要用镊子取，因镊子较滑，易将异物送入耳道深部。

（4）异物位置不可见，或为纽扣电池等危险异物的急救方法

不要盲目取出异物，应尽快送医院处理，并联系幼儿家长。

2. 预防措施

教育幼儿不要随便挖耳朵，不要想方设法弄干净耳垢，因为耳垢能使耳道保持适宜温度，还可防止灰尘、小虫等直接接触鼓膜。

教育幼儿不能随便向耳朵里塞小东西。

给幼儿的玩具要坚固，以免小零件脱落。

想一想，练一练（单项选择题）

1. 发现异物进入幼儿眼睛后，以下现场处理方法中正确的是（　　）。

A. 用手揉幼儿眼睛

B. 让幼儿眨眼睛

C. 用眼药水或生理盐水冲洗

D. 立即送医院

2. 可通过以下（　　）特征判断呼吸道异物性质。

A. 呛咳、哮鸣、面色苍白或青紫

B. 憋气、声音嘶哑或不能说话

C. 呼吸困难甚至窒息

D. 以上都是

3. 幼儿毛毛午餐时吃得太快，有几粒饭呛入了气管中，他顿时剧烈咳嗽起来，小脸涨得通红。李教师见状立即赶过来，她应该（　　）。

A. 立即对幼儿实施立位腹部冲击

B. 立即对幼儿实施仰卧位腹部冲击

C. 立即对幼儿实施背部拍击与胸部按压

D. 先让幼儿自己咳嗽，然后再观察

4. 幼儿丁丁哭着跑来告诉教师说："我把玩具珠子塞入鼻子，弄不出来了。"教师检查发现，珠子已经进入丁丁的鼻腔内部，只能看到一点点，而且表面光滑，不易夹取。这时，教师应该（　　）。

A. 把幼儿送保健室，请保健医生用镊子伸进鼻腔内部把珠子夹出来

B. 告诉幼儿先张嘴呼吸，不要吸鼻子，并尝试通过鼻腔向外送气的方式将珠子喷出，若无效则送医院处理

C. 将幼儿倒立，用力拍打幼儿后脑勺，将珠子震出鼻腔

D. 向鼻腔倒食用油，使鼻腔润滑后让珠子滑出

5. 幼儿姗姗不小心打碎了一面小镜子，一块小的玻璃碎片飞入了她的眼睛。姗姗疼得大哭了起来。一旁的教师立即赶过去，只见姗姗两眼紧闭，左眼少量出血，右眼没有异常症状。教师除了安慰幼儿外，恰当的处理方式是（　　）。

A. 立即用水冲洗幼儿受伤的左眼

B. 告诉幼儿不要睁开眼睛，不要转动眼球，不要揉搓眼睛，然后立即将其送保健室检查，再尽快送医院处理

C. 让幼儿尝试睁开双眼，并向幼儿眼睛吹气，将玻璃碎片吹走

D. 告诉幼儿自己用手慢慢地、轻轻地将异物揉出来

6. 如果幼儿外耳道进入了一只小蜘蛛，下面处理措施中恰当的是（　　）。

A. 用滴管将温热的食用油滴入耳朵内，待蜘蛛被淹死并顺着食用油流出后，再用棉签清洁耳朵

B. 用滴管将凉水滴入幼儿的耳朵内，待蜘蛛被淹死并顺着水流出后，再用棉签清洁耳朵

C. 用镊子伸入幼儿外耳道内部将蜘蛛夹取出来

D. 朝幼儿耳朵大声喊，将蜘蛛吓出来

7. 要迅速排出幼儿吸入气管的异物，可采取的处理措施有（　　）。

A. 采用海姆立克急救法施救　　B. 口对口吸出异物

C. 实施心肺复苏　　D. 伸手抠出异物

8. 发现异物进入幼儿鼻腔后，正确的处理方法有（　　）。

A. 用手抠出

B. 用镊子夹出

C. 一手捏住一侧鼻翼，另一侧鼻孔用力擤以排出异物

D. 异物不好取，将幼儿送医院

9. 若幼儿气管吸入异物，将其送医院后应立即联系（　　）的医生。

A. 消化内科　　B. 耳鼻喉科　　C. 外科　　D. 儿科

10. 幼儿小明在中午吃饭的时候不小心被鱼刺卡住喉咙，教师应采取的正确措施是让幼儿（　　）。

A. 吞咽饭团　　B. 喝醋　　C. 及时就诊　　D. 自然咳出

第六节 动物伤害应急处理与预防

一、被蛇咬伤

某幼儿园组织春游活动，在小朋友野餐的过程中，突然出现一条蛇，将一名幼儿咬伤。教师立刻按住幼儿被咬的部位，用嘴巴吸出伤口的血液。

思考：这位教师的做法对吗？如果你是带班教师，应该如何做？

幼儿被蛇咬伤事件多发生于每年的4月—10月。被蛇咬伤后，幼儿身体出现各种症状的速度与症状严重程度，与蛇的种类以及蛇毒的剂量与性质密切相关，同时也与被咬伤部位、伤口深浅度及幼儿抵抗力有一定关系。当幼儿被蛇咬伤，应按有毒蛇处理。

1. 被蛇咬伤的症状

临床上，被蛇咬伤的症状可以分为以下三种类型。

（1）神经毒型

患者主要表现为神经系统损害症状，大多由银环蛇、金环蛇和海蛇咬伤所致，其临床特点是蛇毒吸收快，局部症状不明显，病情发展慢，易被忽视，但一旦出现全身中毒症状，则病情危重。具体表现为：

1）伤口局部麻木或仅有轻微痒感。伤口红肿不明显，出血不多，无疼痛感。

2）被咬伤 1～3 小时后，患者开始出现全身中毒症状，如视线模糊、眼睑下垂、嗜睡、四肢无力、恶心、呕吐、声音嘶哑、张口及吞咽困难、牙关紧闭等。严重者会出现四肢瘫痪、惊厥、进行性呼吸困难、昏迷、休克等反应。

3）被海蛇咬伤者可能出现横纹肌瘫痪和肌红蛋白尿，其后肌力恢复较慢。

4）患者病程较短，若能度过 1～2 天的危险期，病情就能很快好转，而且治愈后不留任何后遗症。

（2）血液毒型

患者主要表现为血液及循环系统的中毒症状，常为蝰蛇、竹叶青蛇、尖吻蝮等毒蛇咬伤所致，其临床特点是局部症状重，全身中毒症状明显，发病急。具体表现为：

1）伤口局部迅速肿胀，并不断向四周发展，剧痛，流血不止。

2）伤口周围的皮肤常伴有水泡或血泡，皮下出现淤斑，组织坏死。

3）严重时全身广泛性出血，如结膜下淤血、呕血、咯血及尿血等。个别患者还会出现胸腔、腹腔出血及颅内出血，最后导致出血性休克。

4）伴有头晕、恶心、呕吐、腹泻、关节疼痛及高热等症状。

由于症状出现较早，一般救治较为及时，故死亡率低于神经毒型症状的患者。但由于发病急，病程较持久，所以危险期也较长，如果治疗过晚则后果严重。治愈后常留有后遗症。

（3）混合毒型

患者兼有神经毒型和血液毒型的症状，主要由眼镜蛇、眼镜王蛇、蝰蛇等咬伤所致，其临床特点是发病急，局部与全身症状均明显。具体表现为：

1）局部剧痛，出现红肿、淤斑、水泡、血泡，并迅速向肢体上端蔓延，皮下出现淤斑甚至组织坏死。

2）患者头晕，视线模糊，眼睑下垂，全身肌肉疼痛，肌肉无力，牙关紧闭，出现语言障碍，吞咽困难，颈项强直，心动过速，心律紊乱，呼吸困难，出现血红蛋白尿、尿少或尿闭，严重者有惊厥、昏迷、休克、呼吸麻痹、心搏骤停等症状。

2. 急救方法

如果幼儿被蛇咬伤，教师一时无法判断蛇是否有毒，一定要让幼儿保持安静，不要乱动，以免血液循环加速。

如果受伤部位在四肢，应立即拿一根布条或绳子，紧紧地扎住伤口的上方，尽量减缓或阻止毒液流向全身。扎带每隔 10 分钟要松 1～2 分钟，以防被扎的肢体因血液循环受阻而坏死。从结扎处使劲向伤口方向挤压，尽量把毒血挤出来，与此同时，让其他教师尽快通知医护人员。

立即用清水或肥皂水冲洗伤口，以清除伤口处黏附的毒液。如果幼儿伤口有毒牙残留，应将其及时挑出。不要擦拭伤口，而应用布轻拍，以使其干燥。

情况紧急时，教师可用嘴吮吸伤口排毒，以尽快排出蛇毒。使用该法时，教师的口腔、嘴唇必须无破损，无龋齿，否则自身有中毒的危险。吸出的毒液应立即吐掉，吸后要用清水漱口。把毒液吸出后，伤口要湿敷以利残余毒液排出。

在扎紧和冲洗之后，教师可用消过毒的刀在局部切开十字口，以便毒液排出。可把被咬肢体浸在冷盐水中，教师用手指自上而下不断地挤压排毒，每次 20 ~ 30 分钟。

联系医院或急救中心，争取最佳抢救时间。

送医院途中，不要让幼儿走动，尽量使其保持平静。送医院后，尽快通知家长，做好家属安抚工作。

3. 预防措施

教育幼儿不要走进长得很高的草丛中，因为蛇可能躲在里面。最好走在地面没有长植物的地方，可以清楚地看见是否有蛇藏匿。

教育幼儿不要把手或脚伸到看不见的地方。

二、被蜂蜇伤

一天，某幼儿园进行户外活动。活动场所有一棵树，树上有一个马蜂窝，一些幼儿遭到了马蜂群的袭击。幼儿边走边驱赶，但越是驱赶马蜂群就越疯狂，有几名幼儿被马蜂追着蜇了很多下。

思考：遇到类似情况时，教师应如何进行处理？

幼儿在户外活动时，可能被蜂蜇伤。蜂蜇伤是蜂尾部毒刺蜇伤人体皮肤并注入毒素而引起的局部和全身反应，是较常见的一种生物性损伤。蜂毒可使伤者出现喉头水肿、支气管痉挛等症状，甚至因窒息性休克而死亡。

1. 被蜂蜇伤的症状

轻者伤处出现丘疹或风疹块，有烧灼及刺痛感。

重者伤处肿胀，并伴有发热、烦躁不安、痉挛、昏迷等现象。

严重者会迅速发生眼睑肿胀、呼吸困难、血压下降、意识不清等过敏性休克现象，最终因呼吸衰竭、循环衰竭而死亡。

幼儿被蜜蜂及黄蜂（又称马蜂或胡蜂）蜇叮后，皮肤上会形成一个刺痕，蜜蜂会留下蜂刺，黄蜂则很少留下蜂刺。蜜蜂蜇伤一般不会出现严重的全身症状，但对蜂毒过敏者可发生过敏反应，出现严重水肿甚至丧失知觉。如水肿发生于口腔或咽喉，可能引起呼吸困难。

2. 急救方法

幼儿误惹了蜂群而招致攻击时，教师可用衣物保护幼儿的头颈，让幼儿原地趴下或反向直线逃跑，并尽快带领幼儿找门窗紧闭的房屋或汽车等地方躲避。千万不要扑打蜂群，否则只会招来更多的攻击。

幼儿被蜂蜇伤 20 分钟后若无症状，则一般无大碍。如果幼儿被蜂蜇伤并伴有头痛、发热、腹痛、恶心、呕吐等症状，应迅速带幼儿去保健室治疗或拨打 120 急救电话。

仔细检查伤处，如果蜂刺残留在皮肤内，应用消过毒的镊子或针将其拔出或挑出。

情况紧急而又缺乏治疗条件时，可将伤口四周皮肤捏起，使伤口暴露，然后用力掐住被蜇伤的部位，用嘴反复吮吸，以吸出残留在体内的蜂刺和毒素。

若为蜜蜂蜇伤，其蜂毒呈酸性。去除蜂刺后，宜用肥皂水或小苏打水等碱性溶液涂抹伤口，局部涂擦地塞米松、赛庚啶等，或在伤口处涂抹浓度为 3% 的淡氨水，可起到止痛之效。

若为黄蜂蜇伤，其蜂毒为碱性，伤口处可外涂浓度为 5% 的醋酸。

为减轻疼痛，对黄蜂引起的蜇伤，可用稀释的醋冷敷；对蜜蜂引起的蜇伤，只需将敷布置于蜇伤处即可，不要摩擦该处。

如果幼儿被蜇伤后休克，在拨打 120 后或去医院的途中，教师要注意保持幼儿呼吸畅通，并采取人工呼吸、胸外心脏按压等急救措施。

需要注意的是，被蜂蜇伤后，不要挤压伤口，以免残余的毒素进入体内。不要随便使用偏方，以免伤口溃烂。

3. 预防措施

户外活动时，让幼儿远离野外的草丛和灌木丛。当接触花草和树木时，教师要预先察看，如果发现蜂巢，应带幼儿慢步走开，不能猛跑，以免惊扰蜂群。

户外活动时，教师要保持警觉，最好让幼儿穿浅色的长袖衣、长裤，切忌穿颜色鲜艳的衣服，特别是黄色的衣服，因为蜂类的视觉系统对亮色物体非常敏感。另外，教师不要抹香水、发胶或其他芳香类化妆品，以免招惹蜂虫。

黄蜂是色盲，只有几只黄蜂在身边飞舞时不必理会。蜂停落在头上、肩上时，轻轻抖落即可，不要拍打，因为黄蜂本身不会主动攻击人类。

想一想，练一练（单项选择题）

1. 四肢被蜂蜇伤后应减少活动，局部用（　　）裹敷，以减少毒素吸收。

A. 酒精　　B. 牙膏

C. 湿毛巾　　D. 冰袋

2. 蜂蜇伤是被（　　）蜇伤，毒液注入人体，或蜂刺留在皮肤内所致。

A. 蜂头　　B. 蜂嘴

C. 蜂鼻　　D. 蜂尾

第七节 晒伤及溺水应急处理与预防

一、晒伤

幼儿美美中午在幼儿园户外活动时玩的时间有点长，晚上回家后，家长发现她的小脸特别红，摸着还有灼热感，好像是晒伤了，于是与幼儿园班主任进行了联系。

思考：遇到类似情况时，教师应如何进行处理？

晒伤又称日光性皮炎，是指日光中的紫外线过度照射引起的人体局部皮肤光毒性反应。幼儿皮肤娇嫩，其中抵抗紫外线的色素层要比大人薄得多，很容易被紫外线穿透而发生晒伤、光过敏等。同时，幼儿活泼好动，在户外的活动比较多，一年之中暴露于阳光中的时间是成人的 2 倍以上。过度在阳光下暴晒，可能引起晒伤、皮肤色素增加、免疫功能失调，还有可能造成后期皮肤老化和皮肤癌。因此，教师应采取安全防护措施，以免幼儿被晒伤。

1. 晒伤的症状

幼儿皮肤晒伤的症状因照射时间、照射范围、环境因素及肤色不同而有所差异。

幼儿如果轻度晒伤，在被晒后 3 ~ 5 小时内，被晒部位出现边界清楚的红斑，鼻尖、额头、双颊可能有脱皮现象。红斑处有轻微的灼烧、刺痛感。晒伤症状一般会在被晒后 12 ~ 24 小时内达到高峰。

幼儿如果重度晒伤，晒伤部位的红斑颜色会加深，出现水肿、水泡，患部疼痛。如果晒伤脚部，则脚部皮肤可能会出现浮肿。晒伤面积较大时，幼儿可能出现畏寒、发热、头痛、乏力、恶心、呕吐等全身症状。

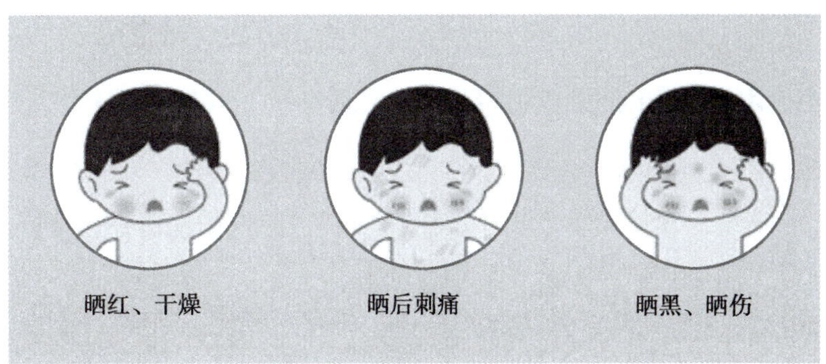

2. 急救方法

发现幼儿晒伤后，教师应立即带幼儿躲进树荫或其他遮蔽处，并尽快为幼儿肌肤补充水分。

把幼儿安置在通风的房间里休息，或给其洗一个温水澡，能让幼儿感觉舒服。洗澡时，不要用肥皂，以免刺激伤处。

如果晒伤的是肩膀、胸部及背部这些面积较大的地方，可以用纱布吸满生理盐水或清水，置于冰箱冷藏室，待纱布冰凉后，将其敷于幼儿刺痛部位，约 20 分钟后取下，这样可以消除灼热感。也可将医用棉签蘸冷水后在脱皮部位敷 10 分钟，这样能起到迅速补充表皮流失水分的作用。还可冰敷伤处，这样能减轻灼热感，使皮肤逐渐恢复正常。将伤处浸泡于清水中，也可起到让皮肤舒缓的作用。

如果晒伤的是腿部，并且腿部出现浮肿，最好让幼儿平躺并将腿抬到高于心脏的位置，以缓解不适。

如果发现幼儿晒伤严重，除了进行以上紧急处理外，要立即带幼儿去医院就诊。

3. 预防措施

让幼儿适当地接受光照是必要的，但教师要掌握方法和时间。要避开紫外线过强的时间段，夏天的上午 10 点左右到下午 4 点左右最好不要带幼儿外出活动，因为这一时间段紫外线很强。

夏天不要让幼儿在强光下直晒，如果一定要外出活动，可以让幼儿在树荫下或阴凉处活动，这样同样可使幼儿身体接触光线，又不损害皮肤。每次以 1 小时左右为宜，期间要注意对幼儿补充水分。

组织幼儿外出活动时，应提醒家长为幼儿做好防晒的准备工作，如给幼儿戴遮阳帽、带好水壶等。要选择合适的服装，外出穿的衣服要薄、吸汗、透气，具有防晒功能的服装能很好地抵抗紫外线的辐射。

二、溺水

当幼儿园组织幼儿外出郊游或组织其他户外活动时，有可能发生幼儿溺水事故。

1. 急救方法

发现幼儿溺水后，在场人员如果不会游泳或不了解现场水情，不可轻易下水，可充分利用现场器材，如绳、竿、木板、救生圈等救人。

将溺水幼儿救出水面后，要将其平放在地面，迅速撬开口腔，清除其口腔和鼻腔异物，如淤泥、杂草等，使其呼吸道保持通畅。施救者屈膝，将幼儿置于自己大腿上，让幼儿头部朝下，按压其背部，使其呼吸道和胃里吸入的异物排出，但要注意不可一味排水而延误抢救时间。

当溺水幼儿呼吸停止或极为微弱时，应立即实施人工呼吸抢救，必要时进行胸外心脏按压，同时应注意为溺水幼儿保暖。

2. 预防措施

教育幼儿不要私自下水游泳。

组织幼儿外出到水域附近活动时，教师要时刻看护好幼儿。

组织幼儿在水池中活动时，要求幼儿下水前活动身体，避免出现抽筋等情况。教育幼儿在水中不吃东西，不在水中嬉闹，防止呛水窒息。

想一想，练一练

1. 幼儿晒伤后应如何进行处理？

2. 预防幼儿溺水的措施有哪些？

第四章 幼儿园突发事件应急处理与预防

学习目标

1. 了解幼儿园常见突发事件的应急处理方法。
2. 掌握幼儿园常见突发事件的预防措施。

建议课时：22 课时

第一节　幼儿园火灾应急处理与预防

某日中午，一所无照经营的幼儿园内发生火灾，一名 2 岁女童被烧死。经查，该幼儿园一名员工将取暖用的电热器放置于床上后，离开幼儿园去买菜，导致幼儿园失火。事后，该幼儿园园长因消防责任事故罪被判处有期徒刑两年，涉事员工因过失致人死亡罪被判处有期徒刑三年。

思考：相关幼儿园应当承担什么责任？幼儿园应当如何预防此类事件发生？

一、幼儿园发生火灾的主要原因

幼儿园的活动区、寝室一般用可燃材料装饰，教具柜、橱柜、桌椅、床铺、玩具、绘本等可燃物较多，如果管理不当，极易发生火灾。

1. 用火管理不当

如果对生活用火管理不当，容易造成火灾。例如，有的幼儿园冬天用炭火取暖，夏天点燃蚊香驱蚊，极易造成火灾。此外，烟头引起的火灾也比较常见。

2. 用电管理不当

电气设备绝缘不良，安装不符合要求，可能导致超负荷、短路、接触电阻过大等，容易引发火灾。

违反安全操作规定使用各种电器，尤其是电热类电器，也容易引发火灾。

二、幼儿园火灾造成幼儿伤害的主要原因

1. 场地、空间设置不合理

部分幼儿园小班教室设在二层以上，而小班幼儿年龄小，体力差且行动缓慢，一旦发生火灾，安全疏散难度较大。

2. 教师能力不足

有些幼儿园教师安全意识薄弱，对防火工作不够重视，较少参与消防培训或消防演习，缺乏扑灭火灾及抢救、疏散幼儿的经验。

幼儿园教师以女性为主，在体力方面存在一定不足，客观上也会影响火灾急救。

3. 其他原因

有些幼儿园安全通道较少，平时只开一扇门。当突然发生火灾时，造成疏散较慢。

三、幼儿园火灾应急处理

1. 人员逃生

（1）逃生注意事项

1）发生火灾时，要立即组织好幼儿迅速疏散撤离，听从指挥，逆风而行。

2）若火灾发生在所处楼层，要带领幼儿迅速往下跑。

3）逃生时让幼儿用湿毛巾捂住口鼻，避免大声呼喊，防止吸入有毒烟雾。

4）在浓烟区时，要指导幼儿以最低姿势匍匐前进。

5）告诉幼儿当身上着火时，不要跑，要迅速脱掉外衣，倒地打滚。

6）教幼儿记住火警电话和报警时的重要信息，如地址、父母电话、火情等。

7）不要因清理贵重物品而延误逃生时间。

8）不要盲目从窗口往下跳。

9）当被大火困在房内无法脱身时，要用湿毛巾捂住口鼻，想方设法报警呼救。

10）发生火灾时，不能乘普通电梯逃生。

（2）逃生自救方法

1）匍匐前进法。由于火灾发生时烟气大多聚集在上部空间，所以在逃生过程中应尽量将身体贴近地面匍匐或弯腰前进。

2）毛巾捂鼻法。火场烟气温度高、毒性大，人一旦吸入很容易发生呼吸系统烫伤或中毒，因此疏散时应用湿毛巾捂住口鼻，以起到降温及过滤烟气的作用。

3）棉被护身法。用打湿的棉被或毛毯、棉大衣盖在身上，确定逃生路线后，用最快的速度钻过火场并冲到安全区域。

4）毛毯隔火法。将毛毯等织物钉或夹在门上，并不断往上浇水冷却，以防止外部火焰及烟气侵入，从而达到抑制火势蔓延速度、增加逃生时间的目的。

此外，还有绳索自救法、被单拧结法、管线下滑法、竹竿插地下滑法、攀爬避火法、跳楼求生法（仅限低楼层）等方法，但这些方法一般不适用于幼儿。

2. 初期火灾灭火方法

初期火灾是最容易扑救的。必须正确运用灭火方法，合理使用灭火器材和灭火剂，有效扑灭初期火灾，减少火灾危害。初期火灾的四个灭火方法如下：

（1）冷却灭火法

采用冷却灭火法时，要将灭火剂直接喷洒在可燃物上，使可燃物的温度降低到燃点以下，从而使燃烧停止。用水扑救火灾的作用就是冷却灭火，一般物质起火时都可以用水来冷却灭火。

火场上，除用冷却灭火法直接灭火外，还经常用水冷却尚未燃烧的可燃物质，防止其达到燃点而着火。还可用水冷却建筑构件、生产装置或容器等，以防止其受热变形或爆炸。

（2）隔离灭火法

采用隔离灭火法时，要将燃烧物与附近可燃物隔离或分散开，从而使燃烧停止。这种方法适用于扑救各种固体、液体、气体火灾。

采取隔离灭火法的具体措施很多，例如：将火场附近的易燃易爆物转移到安全地点；关闭设备或管道上的阀门，阻止可燃气体、液体进入燃烧区；排除生产设备内的可燃气体、液体，阻拦、分散可燃液体或扩散的可燃气体；拆除与火场相邻的易燃建筑物，形成阻止火势蔓延的空间地带。

（3）窒息灭火法

采用窒息灭火法时，要阻止空气进入燃烧区，或采用惰性气体稀释空气中的氧含量，使燃烧物质因缺乏氧气而停止燃烧。这种方法适用于扑救封闭式空间、生产设备装置及容器内的火灾。

可用石棉、湿麻袋、湿棉被、沙土、泡沫等不燃或难燃材料覆盖燃烧物或封闭孔洞，将水蒸气、惰性气体（如二氧化碳、氮气等）喷入燃烧区域，或利用建筑物上原有的物品等封闭燃烧区，阻止空气进入。

在采用窒息灭火法灭火时，必须注意以下几点：

1）如果燃烧部位较小，容易堵塞封闭，且在燃烧区域内没有氧化剂，可以采取这种方法。

2）采取窒息灭火法灭火以后，必须确认火已熄灭，方可打开孔洞进行检查。过早打开封闭的空间或装置，会使空气进入，易造成复燃或爆炸。

3）采用惰性气体灭火时，一定要将足量的惰性气体喷入燃烧区，从而迅速降低空气中的氧含量，以达灭火的目的。

（4）抑制灭火法

采用抑制灭火法时，要将足够数量的化学灭火剂喷入燃烧区，阻断燃烧反应，同时还要采取冷却降温措施，以防复燃。使用的灭火剂主要有干粉灭火剂和卤代烷灭火剂等。

在无法采取其他扑救方法而条件又允许的情况下，可采用水淹没（灌注）的方法进行扑救，但必须考虑火场物质被水浸没后是否会产生不良后果。

3. 灭火器的使用方法

每一位幼儿园教职工都应该熟练掌握灭火器的使用方法。干粉灭火器是公共场所常用的灭火器，下面主要介绍这种灭火器的适用范围及使用方法。

干粉灭火器中的灭火剂是干燥且易移动的微细粉末，是用具有灭火效能的无机盐和少量添加剂经干燥、粉碎、混合后制成的。干粉灭火器适用于扑救各种易燃、可燃液体和易燃、可燃气体引发的火灾，以及电气设备引发的火灾，其使用方法如下：

（1）将灭火器提到现场，上下摇晃一下，保证瓶内干粉不堆积。

（2）拔掉保险装置。

（3）左手握着喷射软管对准火源，右手握着压把。

（4）在火源的上风向、距离火焰 2 ~ 3 米的地方，右手用力压下压把，左手拿着喷射软管左右摆动，使喷射出的干粉覆盖整个燃烧区。

四、幼儿园火灾预防措施

1. 建筑装修符合消防要求

幼儿园的选址、建筑结构、内外装修等都应符合消防要求，达到相关消防安全标准。

2. 制定并严格执行消防安全制度

幼儿园要制定完善的消防安全制度，根据实际情况制定火灾应急预案，成立消防安全工作小组，落实消防安全主体责任。在日常工作中要加强落实，严格执行已有制度。

3. 加强用电、用火管理

幼儿园要严格管理各种电器，避免因错误使用而引发火灾。要加强对生活用火的管理，严禁吸烟，消除火灾隐患。

4. 加强教职工消防能力培训

幼儿园要对教职工加强培训，使每位教职工具备消防安全意识，掌握消除火灾隐患的能力、扑救初期火灾的能力和组织人员疏散逃生的能力。全体教职工要认真学习安全防火知识，掌握消火栓、灭火器的操作方法，学会保护自己和幼儿。

5. 加强幼儿消防安全教育

幼儿园要按照消防工作规范，安排全体教职工有计划、有目的地对幼儿进行消防安全教育，提高幼儿的消防安全意识，使幼儿掌握基本的防火自救技能。

6. 制定预案，成立工作小组

幼儿园应提前制定火灾应急预案，明确领导组织、责任分工和详细的应急措施。

7. 加强危险品管理

不能随意将易燃、易爆物带入幼儿园。如因特殊情况带入必须经领导批准，并妥善保管此类危险品，以防事故发生。搬运、使用易燃、易爆物时，要严格执行操作规程。

某幼儿园消防逃生演习活动

8. 其他

在无火警的情况下，不得擅自动用消防器材。

寝室、活动室的通道要保持畅通。幼儿在室内活动时，活动室不能锁门。

幼儿消防安全教育方案

1. 活动准备

“严禁烟火”“安全出口”等消防标志各一张。

与火有关的图片（如用火烧菜、烧水、炼制钢铁、照明、取暖等）若干张。

2. 活动目标

使幼儿了解火的用途，知道用火不当会给人们带来灾难。

使幼儿认识“严禁烟火”“安全出口”等标志，知道它们的含义，学会简单的火灾自我保护方法。

教育幼儿懂得最基本的安全防火知识，做到在日常生活中不玩火。

3. 活动过程

（1）谈谈火的用处

教师出示与火有关的图片，让幼儿观察片刻后提问：“你们知道什么在燃烧吗?”“小朋友想一想，人类可以用火做哪些有益的事?”（例如，火可以用来烧饭菜、烧水，还可以用来照明、取暖、发电等。）

教师总结并补充火的用途，让幼儿知道人类的生存和发展离不开火。

（2）谈谈火的害处

教师引导并提问："刚才，大家说了许多火对人类的好处，但是，如果用火不当，火也是很危险的。它一旦发起脾气来，就会形成火灾，谁也管不住。谁知道火灾怎么发生的呢？"

教师总结并补充火灾的发生原因，让幼儿知道用火不当会造成火灾，会给人们的生命财产造成危害。

（3）引导幼儿说出预防火灾的方法

1）火柴、打火机等能产生火的东西都不能玩。小朋友玩火是非常危险的，不仅自己不能玩火，看到小伙伴玩火也要及时阻止。

2）蚊香等燃烧着的东西不能靠近容易着火的物品。教师可提醒幼儿思考，在生活中还有哪些东西怕火、容易燃烧。

3）不能随便燃放烟花爆竹。

4）小朋友不能玩未熄灭的烟头，见到未熄灭的烟头应及时踩灭。

（4）认识消防标志

教师出示"严禁烟火""安全出口"标志，教育幼儿知道其特殊含义并懂得预防火灾。

（5）组织讨论

教师组织幼儿讨论：万一出现了火情该怎么办？发生小火了怎么办？发生大火了怎么办？发生火灾时应当躲在房间里吗？公共场所着火时怎么办？

通过讨论，让幼儿初步掌握几种自救逃生的方法与技能。

（6）小结

教师总结："刚才小朋友们想出的办法都不错。如果出现了小火，我们可以用水泼灭火，用湿布扑灭火，用沙子灭火，用灭火器灭火……但是，小朋友们要记住，如果出现大火，我们一定要先逃生自救并拨打119电话。小朋友们说得都很好，但是光我们知道还不行，还要让大家都知道。下次和好朋友或者弟弟妹妹一起玩的时候，告诉他们，让他们也知道一些预防火灾的知识，好吗？"

想一想，练一练

1. 使用灭火器灭火时，应射向火源的________位置才能有效将火扑灭。

2. 使用二氧化碳灭火器时，人应站在________位置。

3. 当身上衣服着火时，应当立即__________________，灭掉身上火苗。

4. 幼儿园发生火灾时，需要采取哪些应急措施？请分组模拟演练。

5. 对照下面的图片，简述这种灭火器的使用方法。

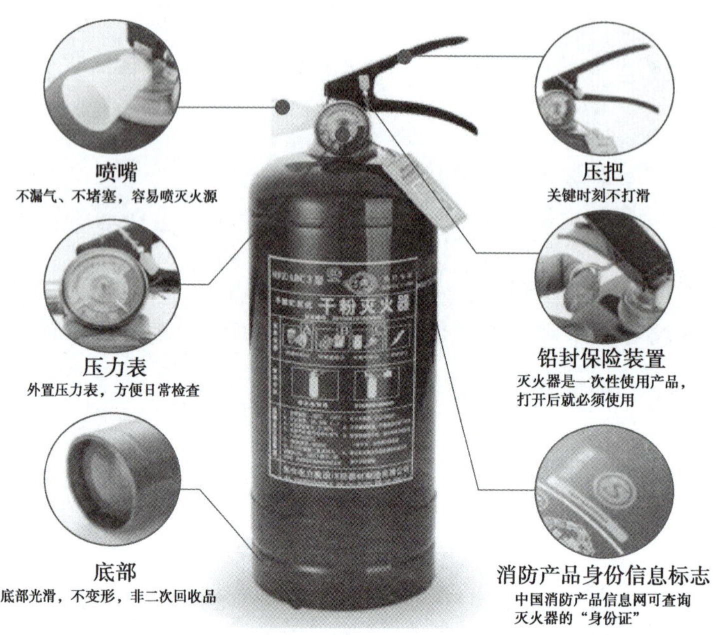

第二节　幼儿园触电事故应急处理与预防

一天，郑阿姨把幼儿小月接回家后，发现小月手上有烫伤的痕迹，小月还说被吓尿了。

郑阿姨仔细检查了小月的双手，只见她的左手大拇指起泡，似乎是被灼伤。起初她以为小月是不小心烫伤的，后来，郑阿姨从与小月同班的小桐口中得知，小月的手受伤居然是因为在幼儿园里触电了。

小桐回忆说，当时她就在小月旁边，两个人一起扶着楼梯扶手下楼，小月的双手抓住扶手，结果就触电了。小桐则一手抓着扶手，只是感觉有电流通过，手上没有明显的受伤痕迹。事后，郑阿姨找到幼儿园负责人要求处理。

思考：遇到类似情况时，教师应如何进行处理？

一、幼儿园发生触电事故的主要原因

一是幼儿玩弄电源插座、电器开关等引起触电。

二是户外电线垂落在地上，幼儿随手拾取，或在附近玩耍，因接触电线裸露部分而触电。

三是幼儿触碰漏电的电器或电气设备发生触电。

四是雷雨天时幼儿在大树下避雨或接触金属管道也可能发生触电。

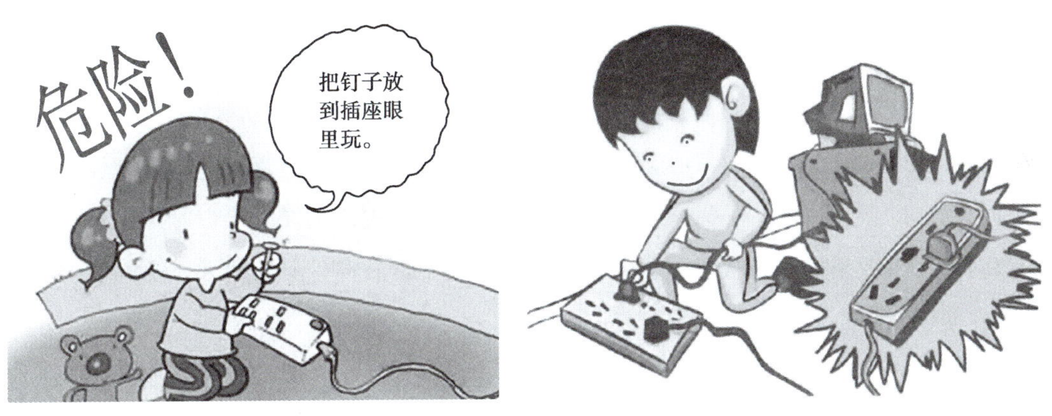

二、幼儿园触电事故应急处理

幼儿遭受轻度电击后，面色苍白，神情呆滞，对周围事物失去反应，全身无力。严重的可发生昏迷、呼吸与心跳停止，甚至死亡。发现幼儿触电后，必须立即采取适当措施进行急救。

幼儿触电事故原因及应急处理

1. 切断电源

（1）迅速关闭开关，切断电源。

（2）采用短路法使电源跳闸。

（3）救护人员穿绝缘鞋，戴上绝缘手套，用干燥绝缘的木条、棍、杆等工具使触电幼儿脱离电源。

（4）在切断电源前，禁止赤手接触触电幼儿身体。

2. 就地抢救

（1）迅速检查触电幼儿的呼吸、心跳情况，就地抢救，及时进行人工呼吸和胸外心脏推拿按摩。若无效，应立即进行胸外心脏按压。同时，拨打 120 急救电话。

（2）在急救的同时，将灼伤部位先洗净，然后消毒包扎。

（3）对心跳、呼吸停止者，要立即以手掌根部拍击或握拳捶击其心前区，并力争在心搏骤停的 1 分钟内进行。击力保持中等，不可太猛，可连击 3～5 次。但对过小的幼儿不宜捶击，以免其心脏受损。

（4）如果触电幼儿未失去意识和知觉，应将其放在空气流通、温暖处安静休息，同时联系专业医生前来急救。

（5）如果触电幼儿已失去知觉，但呼吸及脉搏均未停止，应将其放在平坦、通风处，解开衣裤，使其呼吸不受阻碍，同时用毛巾摩擦其全身，使之发热，然后迅速联系医生。

（6）如果触电幼儿失去知觉且呼吸困难，应立即进行人工呼吸，同时进行胸外心脏按压，并迅速联系医生急救，切不可向其注射强心剂或泼冷水。

（7）如果触电幼儿呼吸及心脏跳动均已停止，可能是假死，救护人员要坚持先救后搬的原则，即刻进行人工呼吸或胸外心脏按压，直到医生诊断确已死亡为止。人工呼吸用口对口吹气效果好。急救时，触电幼儿的头部应尽量后仰，鼻孔朝天，使舌根不阻塞气流，便于吹气急救。

3. 送医院

在进行人工抢救的同时，应立即联系救护车将触电幼儿送往就近医院，途中不可中断抢救。在救护车未到之前，不要轻易搬动幼儿。

三、幼儿园触电事故预防措施

1. 加强用电安全管理

（1）加强安全用电相关培训。

（2）班级内所有不用的电源插孔都用专用插头覆盖，防止幼儿触摸。

（3）班级内所有电源均设在 1.5 米以上安全高度。饮水机专用插座全部固定在墙面上。电子白板、计算机等设备使用的插座应控制插头数量，避免超负荷用电。

（4）职工宿舍严禁私接电源，禁止违规使用小型电器。

（5）幼儿园线路出现跳闸时应及时联系专业电工前来维修，其他人员不可随意接触问题电线。

（6）园内所有明线全部安入线槽，不可裸露在外。

（7）维修线路或者更换灯管、灯泡时要确保停电，绝不可带电作业。

（8）园内各种电器一旦出现问题，及时联系厂家或专业人员维修。

（9）教育及看管好幼儿，告诫其不触摸各种电器，不触摸不明物体。

（10）加强平时的排查，如果发现有漏电的电器或者有故障的线路，必须立即加强警示并进行维修，杜绝用电安全隐患。

（11）幼儿园中及周边的电源开关、电气设备外壳及变压器等要做好屏蔽防护。

（12）电器的安装和使用必须符合规定，任何部门和个人不得擅自拆装和调换。幼儿园电器如电热水器、洗衣机、电视机、投影仪等使用完后，应立即拔出插头，确保安全。在室内严禁使用电炉。

（13）严禁在可燃物上使用电热器具，电器易发热部位必须做好隔热处理。

（14）节假日、寒暑假期间应切断内部电源，实行封闭式管理。

2. 对幼儿开展用电安全教育

教师应通过主题活动等形式教育幼儿注意以下事项：

（1）电有许多用处，但电也很危险。

（2）人若触电会受伤甚至死亡，因此不能玩弄带电的东西。

（3）不能用手指或导电物（如铁丝、钉子、别针等金属制品）去接触、探试电源插座内部。

（4）不能用湿手触摸电器，不能用湿布擦拭电器。

（5）在室外活动时不能爬电线杆，不能在高压电线架下游戏。

（6）如果发现地面上有电线，不能用手去拉。

（7）认识电源总开关，学会在紧急情况下切断电源。

（8）发现有人触电后要设法及时切断电源，或者用干燥的木棍等物品将触电者与带电物体分开，不要用手直接去救人。

（9）年龄较小的中小班幼儿遇到触电事故时，应呼喊成年人帮助，不要自己处理。

（10）雷雨时不能待在树下、电线杆旁、金属管道旁或高墙下避雨。

3. 制定预案，成立领导小组

幼儿园应提前制定触电事故应急预案，明确领导组织、责任分工和详细的应急措施。其中，1 人负责现场总的组织指挥和协调工作；2 ~ 3 人分别负责联系救护车辆，投入物资、人员、经费，了解情况并向上级相关部门上报信息；另安排人员分别负责对伤者进行初步抢救，及时联系就近医院，做好幼儿家长的情绪安抚工作。

幼儿预防触电安全教育方案

1. 活动目标

幼儿认识“有电危险”标志。

幼儿知道电源插座里藏着会“咬人”的电，不能用手触摸。

幼儿具有初步的用电安全意识，能够提高自我保护能力。

2. 活动流程

（1）教师播放教学视频，并根据视频简单提问。

1）故事里有谁？

2）电源插座里藏着什么？（教师出示插座）

3）小朋友可以自己插电源插座吗？

4）视频中的这位小朋友是怎么做的？

（2）认识“有电危险”的标志

教师展示图片，引导幼儿认一认、说一说在哪里见到过这样的标志。

（3）寻找并讨论如何保证安全用电

1）教师提问：“我们幼儿园哪里有电源插座？怎样才能让所有的小朋友都知道碰电源插座有危险呢？”

2）教师请幼儿分别找出活动室、盥洗室、寝室、户外活动区等处的电源插座所在位置。通过讨论，找到提示幼儿注意安全的方法，如在电源插座旁边张贴“有电危险”的标志。

3）教师和幼儿一起阅读幼儿学习资料，将“有电危险”的标志贴在电源插座旁边，以示提醒。

4）总结谈话：教师教育幼儿不碰电源插座，不把手指或小金属片插到电源插座的小孔里，电器的插头要请爸爸妈妈插，学会安全用电。

5）教师提醒注意事项：电器着火时不能用水扑灭，要用干粉灭火器；如果发现人触电不能用手去拉，要先切断电源，再用干的木制品把电器或电线与人分开。

3. 课后复习

请幼儿回家寻找家中的电源插座，并提醒爸爸妈妈注意用电安全。

4. 教学延伸

（1）查找相关材料，概括安全用电的方法。

（2）反思自身以往工作中在安全用电方面存在的问题。

（3）检查幼儿园是否存在电路隐患，注意在工作中安全用电。

（4）分享自己在本次活动中的感悟。

想一想，练一练

1. 简述幼儿触电后应如何进行处理。

2. 如何预防幼儿园触电事故？

第三节　幼儿园地震应急处理与预防

地震发生于一瞬间，留给人们反应的时间非常有限，而且，幼儿园中幼儿较密集，他们的行动能力和自救能力较弱。因而，在地震发生前认真进行避震演习，地震发生时教职工冷静组织与紧密协作，对保护幼儿的安全有着重要的作用。

一、幼儿园地震应急处理

1. 触发警报

地震发生后，负责报警的人员应立即触发警报系统，提醒所有教职工迅速启动地震应急预案，组织避险。教职工感到房屋摇晃或听到地震警报后应保持镇静，并立即提醒幼儿地震了，再根据当时所在位置组织幼儿避险，直到晃动平息。

（1）位于室内时

教师指导幼儿按“DCH避震法”避险，提示语为：“快蹲下！”“躲到桌子下面去！”“抓稳桌腿！”“有老师在，不要害怕！”

如果室内无坚硬的桌子，教师应组织幼儿保持安全姿势，躲在教室墙角、低矮且坚硬的家具旁等“生命三角”位置。同时，教师也要保护好自己。

（2）位于楼梯或走廊时

教师应组织幼儿立即转移到最近楼层的平地上，并紧靠墙边蹲下，双手抱头保持安全姿势。

（3）位于户外场地时

教师应要求幼儿用手保护头部，并向空旷处集合，然后保持安全姿势休息。提示语为：“快蹲下！”“保护头部！”“到老师这边来！”“有老师在，不要害怕！”

如果有幼儿正在大型户外活动设施上，应提示幼儿：“蹲下！”“抓稳！”“不要动！”等晃动平息后再让其下来。

2. 紧急疏散

晃动平息后，教师应立即组织幼儿紧急疏散。

教师先给幼儿发放防灾头巾（也可以是书包、毛毯等）保护头部，再组织幼儿按既定的疏散路线向指定的安全场所有序撤离。教师应在队伍的前后相互呼应。

最后离开教室的教师应在撤离前迅速检查寝室、盥洗室等场所有无幼儿。

到达安全场所后，立即组织幼儿保持安全姿势休息，并向救护组报告有无受伤人员，再按当天出勤名单清点人数，确保没有幼儿停留在危险区域。

3. 初期灭火

晃动平息后，负责灭火的人员应检查附近有无着火点。如果火势较小，则尽可能进行初期灭火。如果火势较大，应及时拨打119救援电话，由消防部门处理。

4. 医疗救护

负责医疗救护的成员应尽快确认人员受伤情况，并上报幼儿园负责人。如果有人受伤，应将伤员转移到安全位置，同时对伤员采取紧急救助措施。如果有必要，应立即拨打120急救电话。

5. 通知家长

到达安全场所后，各班教师应根据统一工作安排，及时联系幼儿家长，要求家长尽快将幼儿接回，并认真做好交接工作。如果有幼儿受伤，应单独联系幼儿家长。如果有幼儿失踪，应由幼儿园负责人与家长沟通。如果暂时联系不上家长，应由各班教师做好看护工作。

6. 事后沟通与疏导

找出受损的设备、建筑，对其进行隔离维修。尽快恢复日常工作，重点关注在地震中受伤的幼儿，以及在震后有身心异常反应的幼儿，做好心理疏导与后续追踪工作，必要时可寻求专业心理辅导机构的帮助。

二、幼儿园地震预防措施

地震是一种复杂的自然灾害，以当前的科技水平尚无法准确预报地震，而且未来相当长的一段时间内，地震也是无法预测的。但是，当地震发生时，可以通过地震预警系统提前对距离震中较远的地区发出地震预警，以争取宝贵的避险反应时间。

除了提高幼儿园的建筑抗震等级，还应该做好日常的应急准备工作，具体如下：

1. 重视避震安全演习

幼儿园（尤其是地震多发地区的幼儿园）应按照有关部门的要求，制定完备的地震紧急应对预案，并定期组织师幼进行避震安全演习。教师和幼儿要通过演习熟悉避震程序、安全姿势、撤离疏散路线、安全场地等，同时培养冷静、沉着应对紧急灾难的心态，这样才能在地震发生时快速、有序地应对。

2. 抓好幼儿园内部管理

首先，控制幼儿园每个班级的幼儿人数可以有效减少地震带来的人员伤害，同时还有利于教师迅速组织幼儿逃生，避免因人多而拥挤。

其次，鉴于不同年龄幼儿的反应速度、动作协调性等差异较大，低龄班级应设置在一楼教室，便于紧急疏散，大龄班级可设置在二楼、三楼教室。

最后，幼儿园的楼梯、走廊等安全通道应做好日常管理，不随意堆放杂物，不锁门，保持畅通，以便紧急疏散时可以迅速有效地撤离。

3. 做好避震安全教育

幼儿园每学期都应按规定统一制定避震安全教育方案，各班级教师应按预定方案有计划、有目的地开展避震安全教育，通过课堂教学、游戏模拟等形式引导幼儿学习与地震有关的知识，掌握地震逃生的技能。

避震安全教育还应发挥家长的作用，通过家园协作共同培养幼儿的紧急应对能力和自我保护能力。

避险时保持安全姿势十分重要，可双膝跪地，弯腰，脸朝下，不要压住口鼻，双手抱头，也可蹲下，尽量蜷曲身体，双手抱头。如果身边有坚固的桌子，双手应抓住桌腿，以防摔倒或因身体移位而被掉落物砸伤。如果身边没有坚固的桌子，可在保持安全姿势时用身边的物品（如书包、枕头、被褥等）顶在头上以保护头颈部。

某幼儿园防震安全教育

4. 组织教职工参加避震培训

幼儿园应经常组织所有教职工参加专业的避震培训，了解更多的地震知识，掌握逃生技巧，这样才能让教职工在地震发生时沉着冷静地引导幼儿正确应对。

5. 准备地震应急设备和物资

幼儿园应在重要位置安装应急灯等设备和紧急疏散标志。在墙角或室内固定位置放置装有食物、水、药品等物品的急救包，以便地震发生后供被困人员使用。同时，要经常检查和适时更换急救包。可以为高楼层的教室配备逃生滑梯、逃生绳索、逃生气垫等设备。

在准备应急设备和物资的同时，还应引导幼儿认识、了解这些设备和物资的位置及功能。

某幼儿园防震应急预案

1. 指导思想

为保证在地震发生前后快速、有序、高效地开展应急工作，最大限度地减轻地震灾害造成的损失，使广大师幼了解应急避震知识，掌握避震防护措施和方法，提高师幼紧急避险、自救自护的应变能力，依据《中华人民共和国防震减灾法》《破坏性地震应急条例》，结合幼儿园工作实际，特制定本预案。

2. 防震组织机构及分工

成立防震工作小组。

总指挥：园长（全面负责）。

副总指挥：副园长（负责办公楼南侧大厅出口）。

防震工作小组成员：

后勤主任（负责办公楼北侧大厅出口）

安全员（负责办公楼东北侧小门出口）

小班教研组组长（负责一号教学楼西侧出口）

中班教研组组长（负责二号教学楼西侧出口）

大班教研组组长（负责三号教学楼西侧出口）

各班班主任（负责各班）

3. 防震工作小组人员工作要求

防震工作小组人员要有组织、有计划地开展防震工作。

各班班主任要预先向幼儿做好防震知识的宣传，让幼儿懂得一些防震知识和自救方法。防震工作小组总指挥要做好人员分工，一旦发生地震必须亲临现场指挥，确保师幼人身安全。

防震工作小组人员应做到职责明确、责任到人。一旦发生地震，防震工作小组人员要在第一时间到达所负责的岗位，每层楼的楼梯口、疏散口等处，都要有专人负责。

4. 地震发生时的应急避震

当听到地震警报或感到房屋摇晃后，全体师幼应立即开始疏散，应该做到：

（1）要保持镇定，稳定幼儿紧张情绪，切勿惊慌失措。尽快带幼儿到指定地点，躲避到安全地带，千万不要匆忙逃离，防止房屋坍塌砸伤幼儿。

（2）对于在室内来不及逃离的幼儿，教师应引导其立即就近躲避，采用卧倒或蹲下的方式，使身体尽量缩小，躲到桌下或墙角，以保护身体，避免被砸，但不要靠近窗口。

（3）教师指导幼儿迅速保持正确的安全姿势。在桌下躲避的幼儿，将一只胳膊弯起来保护眼睛不让碎玻璃击中，另一只手用力抓紧桌腿。在墙角躲避的幼儿，把双手交叉放在脖子后面保护自己，可以拿书包或其他保护物品遮住头部和颈部。也可以采用以下姿势：脸朝下，头靠近墙，两只胳膊在额前相交，右手正握左臂，左手反握右臂，前额枕在臂上，闭上眼睛和嘴，用鼻子呼吸。

（4）正在二楼、三楼走廊的师幼，应立即选择有利的安全地点就近躲避，卧倒或蹲下，用双手保护头部，不要站在窗边。

（5）在一楼的师幼，应跑到空旷的院子里，避开建筑物和电线，将双手放在头上。

（6）正在开展教研活动或备课的教师应立即停止手头工作，马上赶到自己班级幼儿的活动地点，协助带班教师组织幼儿集合和疏散。

（7）防震工作小组人员要按照预定的分工，迅速到每个地点检查避震和疏散情况。发现有采取不当措施的，要及时纠正。

（8）及时上报灾情，如房屋损坏及人员伤亡情况，同时指挥抢险救护人员组织实施救助工作。

（9）如果地震发生后不能迅速撤离或被困于室内，被建筑物挤压，千万不要惊慌，要就近检查幼儿身体状况，并尽量为幼儿找到水和食物，同时不能盲目采取措施，而要发出求救信号，等待救援。

5. 疏散路线和集中地点

主震结束后，为了防止有较大的余震发生，应该立即有秩序地疏散人员，到安全的地方躲避余震。疏散后的集中地点为幼儿园南侧绿地。

幼儿疏散通道按幼儿园安全出口设置。

（1）办公楼南侧大厅出口

一号教学楼一层人员由办公楼南侧大厅经东甬道至幼儿园南侧绿地疏散，疏散次序为小一班、小二班。一号教学楼二层、三层人员由办公楼南侧楼梯下楼，经办公楼南侧大厅及东甬道至幼儿园南侧绿地疏散，疏散班次为早教班。

（2）办公楼北侧大厅出口

二号教学楼一层、二层、三层人员由办公楼中间楼梯下楼，经办公楼北侧大厅及东甬道至幼儿园南侧绿地疏散，疏散次序为小四班、小五班、中一班、中二班。

（3）办公楼东北侧小门出口

三号教学楼一层人员由办公楼东北侧小门出口经东甬道至幼儿园南侧绿地疏散，疏散次序为小七班、小八班。

（4）一号教学楼西侧出口

一号教学楼其他楼层人员由教学楼西侧楼道经西甬道至幼儿园南侧绿地疏散，疏散次序为小三班、专用教室活动的幼儿。

（5）二号教学楼西侧出口

二号教学楼其他楼层人员由教学楼西侧楼道经西甬道至幼儿园南侧绿地疏散，疏散次序为小六班、中三班。

（6）三号教学楼西侧出口

三号教学楼其他楼层人员由教学楼西侧楼道经西甬道至幼儿园南侧绿地疏散，疏散班次为大班。

6. 疏散时注意事项

要有秩序地疏散，特别是二楼和三楼班级，下楼时教师要引导幼儿不要拥挤，避免跌倒及挤压。

防震工作小组人员应在每层楼的楼梯口和疏散口接应，协助教师指挥幼儿有序疏散。疏散过程中，引导幼儿双手护头，以防被砸；要指挥幼儿迅速有序地前进，不要慌乱奔跑；疏散途中不能穿过建筑物，要尽量避开建筑物和电线。

各班师幼到达集中地幼儿园南侧绿地后应立即清点人数，并向总指挥报告，确保不漏掉一名幼儿。

7. 其他事项

全体教职工在思想上要高度重视防震工作，做到宁可千日无震，不可一日不防，切实把保护教职工和幼儿生命以及国家财产安全放在首位。地震发生后一定要认真履行职责，不得玩忽职守。

凡因不负责任、玩忽职守造成幼儿园财产损失和幼儿生命安全事故的，要追究其法律责任。

坚决实行 24 小时值班制度。要加强观察，发现异常及时上报。

做好疏散路线和有关避难安置场所等方面的准备工作。

组织观看视频《汶川大地震中的学校》，引导幼儿从多个角度认识避震逃生方法。

想一想，练一练（单项选择题）

1. 震后救助处于黑暗、不通风、无给养环境下且被埋压过久的人，正确的方法是（　　）。

A. 尽快将其救出，使其尽快见到光亮

B. 尽快将其救出，使其尽快进食

C. 将其蒙上眼睛救出，使其慢慢呼吸、进食

D. 尽快将其救出，并为其输氧

2. 在地震发生时，人们首先要保护的身体部位是（　　）。

A. 头部　　B. 胸部

C. 双手　　D. 双脚

3. 地震时若遇到有毒气体泄漏应用湿布捂住口鼻，（　　）。

A. 沿逆风方向尽快逃离　　B. 沿顺风方向尽快逃离

C. 不择方向尽快逃离　　D. 原地不动待救

4. 地震引起火灾时，要用（　　）捂住口鼻，逆风匍匐逃离火场。

A. 布　　B. 湿毛巾

C. 纸　　D. 手

5. 发生地震后，应该（　　）。

A. 躲在桌子等坚固家具的下面　　B. 从楼道跑出

C. 原地不动　　D. 跳楼

6. 地震发生后，从高楼撤离时应（　　）。

A. 走安全通道　　B. 跳楼

C. 乘坐电梯　　D. 从窗户抓住绳索下滑

第四节　幼儿园洪灾应急处理与预防

洪水可分为暴雨洪水（含山洪）、风暴潮、冰凌洪水、冰川洪水、融雪洪水和垮坝洪水等多种类型，以暴雨洪水为主。

洪水集中出现的季节称为汛期。一定地区每年的汛期有一定时间规律，在我国洪水多发生于夏秋季节。洪水流量主要受降雨、地形、植被等因素的影响。

一、幼儿园洪灾应急处理

1. 做好防护

受到洪水威胁时，为防止洪水涌入室内，可用沙袋和塑料布在门口等处堆砌挡水墙。如有必要，窗台外也需要堆砌挡水墙。

在幼儿园室内避险时，要注意关闭电源、气阀和水阀。

将热水器等电器转移到不太可能被淹的位置，以免触电。

2. 疏散转移

发生洪灾时，如果时间充裕，应按照预定路线，组织幼儿有秩序地向山坡、高地等处转移，集中等候救援。要根据实际情况优先选择最佳疏散路线。

全园教职工要迅速到位，通过广播对被困人员做好组织和引导疏散工作，维护好疏散秩序，防止拥挤、踩踏。

如果已经被洪水包围，要尽可能利用船只、木排、门板、木床等，进行水上转移。

疏散后要对救出的人员进行清点，看是否全部救出。

3. 其他注意事项

如果洪水来得太快，已经来不及转移，要立即爬上屋顶、楼房高层、大树、高墙，暂时避险，等待救援。不要单独游水转移。如已被卷入洪水中，一定要尽可能抓住固定的或能漂浮的东西，寻找机会逃生。

山区如果连降大雨，很容易暴发山洪。位于山区的幼儿园要注意防止山体滑坡、滚石、泥石流造成伤害。

如果发现高压线铁塔倾倒，电线低垂或折断，要组织幼儿远离避险，不可触摸或接近，防止触电。

要利用多种方法及时进行呼救，如画出 SOS 标识，利用鲜艳醒目的颜色呼救，拨打 119 救援电话（119 不仅是火警电话，也是遇险呼救电话）。

洪水过后，及时对园舍进行清扫和消毒处理，预防传染病的发生和蔓延。

二、幼儿园洪灾预防措施

1. 加强管理

汛期坚持领导值班和报告制度，幼儿园负责人的手机全天开机，值班电话由专人全天接听，确保通信畅通。有异常情况及时向上级汇报。一旦发生险情和意外情况，采取果断措施及时处理，防止重大安全事故发生。

汛期组织抢险小组待命，对容易受损的设备、图书等做好转移准备。发现异常马上整改，坚决把隐患消除在萌芽状态。

对全园人员加强防汛知识的宣传教育，通过橱窗、传单等多种形式，传播防汛知识，提高全园人员防范灾害的能力。

加强检查和防范工作，经常保持幼儿园交通、排水设施畅通，对幼儿园内容易受淹的地方逐点检查，确保下水道畅通。对幼儿园园舍墙体、屋面、门窗、电器等定期进行安全检查，对检查中发现的问题和隐患及时整改。坚决封闭幼儿园危房，防止安全事故发生。

2. 做好物资等方面准备

汛期要随时关注本地新闻和天气预报，做好应对停电、停水、停气的准备。

接到洪水预警信息后，应备足食品、衣物、饮用水、生活日用品和必要的医疗用品，妥善处理园内重要物品。准备好通信设备，收集手电、口哨、镜子、打火机、色彩艳丽的衣服等可发射或传递信号的物品，做好求救的准备。

发生洪灾后，要随时做好安全转移的准备，选择最佳路线和目的地。在不得不转移时，准备好能自救逃生的工具，也可以搜集木盆、木板、大件泡沫塑料等可漂浮的材料，加工成救生装置以备急需。

3. 制定预案，成立领导小组

幼儿园应提前制定洪灾应急预案，明确领导组织、责任分工和详细的应急措施。

例如，幼儿园可成立防汛抢险领导小组，组成人员及工作职责如下：

总指挥，负责根据汛情组织全园教职工按各自职责疏散幼儿。

副总指挥，负责协助总指挥处理抢险工作。

联络组，负责向全园广播通告汛情及防汛抢险工作要求，遇险时拨打报警电话，向上级及时通报险情。

疏散引导组，负责帮助各班班主任把幼儿带到安全位置，让各班班主任清点人数并上报。

警戒救护组，负责组织受伤人员救治工作。

各班班主任及带班教师负责组织本班幼儿迅速疏散。

分组讨论幼儿园面对突发洪灾时应做好哪些工作。

第五节　幼儿园雾霾应急处理与预防

雾是一种自然现象，是悬浮在贴近地面的大气中的大量微细水滴（或冰晶）的可见集合体。霾又称灰霾（烟雾），主要由人为因素造成，因空气中的灰尘、硫酸、硝酸、有机碳氢化合物等粒子使大气混浊，导致能见度低。

幼儿免疫力较弱，雾霾中含有的有毒物质会刺激幼儿的呼吸道黏膜，从而引起各种呼吸道疾病。此外，出现雾霾天气时，能见度低，极易发生交通事故，因此幼儿上下学途中要时刻注意交通安全。

一、幼儿园雾霾应急处理

减少或避免教师、幼儿户外活动。

加强幼儿晨检、日间健康巡检，以及对特异体质和特殊疾病幼儿的健康管理和随访工作。

雾霾天气应少开窗，外出回来后应该清洗面部等处裸露的肌肤。

一旦发现幼儿因雾霾出现身体不适，应立即将其送医院就诊。

二、幼儿园雾霾预防措施

1. 加强教育与提醒

对幼儿开展防雾霾安全教育，使幼儿认识雾霾天气的危害。

关注天气情况，根据天气预报加强与家长的联系，采取合适的防雾霾措施。

利用幼儿园宣传栏、校园网等进行提醒，让全体人员提前防范，如戴防尘口罩等。

提倡幼儿戴口罩上下学。

2. 建立分级预警机制

（1）四级预警（蓝色预警）

当发布蓝色预警时，减少教师、幼儿户外活动，不做操，因地制宜地开展多种形式的室内活动。

（2）三级预警（黄色预警）

当发布黄色预警时，避免教师、幼儿户外活动，开展室内活动。

（3）二级预警（橙色预警）

当发布橙色预警时，停止教师、幼儿一切户外活动。

（4）一级预警（红色预警）

当发布红色预警时，全园停课，与家长联系，提出合理化学习建议。

3. 其他措施

在园中安装除霾设备。

让幼儿多饮水，多吃新鲜、富含维生素的水果。

想一想，练一练

雾霾对幼儿的危害有哪些？进行小组讨论，请代表进行发言。

第六节　幼儿园暴力伤害事件应急处理与预防

幼儿抗暴力伤害能力弱，容易成为某些不法分子的袭击目标。在突发暴力伤害事件时，幼儿园工作人员要能够及时、迅速、高效、有序地处理此类事件，控制事态，切实保障师幼生命安全。

引发幼儿园暴力伤害事件的主要原因有：对社会不满的极端分子实施恶性行为，歹徒在被追捕过程中发生威胁性行为，当事人因严重利益冲突而发生报复性行为，精神病

人行为严重失控，等等。

一、幼儿园暴力伤害事件应急处理

一旦发生幼儿园暴力伤害事件，务必以保护幼儿的生命安全为首，及时果断处置。在场教职工应尽力制止伤害行为并及时通知幼儿园负责人。无力制止的，可调集救援力量，同时拨打报警电话。

如发生劫持人质事件，在场人员要在公安机关赶到之前，尽力与犯罪嫌疑人周旋，规劝其终止犯罪。例如，可选派应变能力强、口才较好、身体强壮的教师与犯罪嫌疑人周旋，对犯罪嫌疑人进行劝说，以拖延时间。

要全力保护好在现场或附近的其他幼儿，根据具体情况决定是否要对幼儿进行疏散。如需要的话，及时发出紧急集合信号，教师到班级指挥幼儿有序疏散。

如有人员伤亡，要提供及时有效的救护，尽可能以最快速度把伤员送往附近医院抢救，并通知幼儿家长。

在公安机关的指导下维持秩序，配合公安机关调查，做好善后处理工作。例如：保护现场，配合公安机关调查取证；及时向师幼及家长通报事件经过，稳定其情绪。

二、幼儿园暴力伤害事件预防措施

对幼儿进行防暴安全教育，增强教师和幼儿的自我保护意识。

严格执行门卫登记、管理制度，控制外来人员进入幼儿园，禁止不明身份的外来人员进入幼儿园。严格要求幼儿家长凭接送卡接送幼儿。门卫发现可疑人员或不法分子非法侵入幼儿园时应及时报告或报警。

对可能引发矛盾激化事件的当事人要逐一排摸登记，耐心接待，尽力做好化解工作。

经常与当地居委会、派出所沟通联系，及时掌握幼儿园周边地区存在的不稳定因素（人或事），采取有效对策。

组织师幼进行防范暴力伤害事件演习，提高师幼的防范意识和自救能力。

分组讨论如何预防幼儿园突发暴力伤害事件。

第七节　幼儿园虐童、性侵害事件应急处理与预防

2017 年，北京市某幼儿园小班教师刘某在所任职的班级内，使用针状物先后扎 4 名幼儿。后刘某因犯虐待罪一审获刑 1 年 6 个月，并被责令 5 年内禁止从事未成年人看护教育工作。

2019 年，青岛市某幼儿园一外籍教师在幼儿午休期间，趁无其他教师在场之机对一女童进行猥亵。女童告知父母后，父母向公安机关报案。侦查取证后，公安机关将涉事外籍教师抓获。

思考：相关幼儿园应当承担什么责任？幼儿园应当如何预防此类事件发生？

一、幼儿园虐童事件应急处理与预防

1. 危害及症状

虐待幼儿对幼儿的健康成长具有严重的危害性，这种危害性主要表现为躯体伤害和心理伤害两个方面。虐童轻则在幼儿皮肤上留下较为明显的印记，如红肿、裂伤、烧伤、疤痕等，重则会导致骨折、视网膜出血、颅内出血、肾上腺出血、肝裂，甚至导致死亡。

幼儿遭受身体虐待后，最初表现为嗜睡、呕吐和眼内出血，进而发生神经系统损伤。在耳鼻等方面多表现为耳郭血肿、外耳道裂伤、听骨链中断、耳聋、面部神经麻痹及鼓膜穿孔等症状，口腔方面表现为口腔及咽部损伤，如牙齿受损，舌系带裂伤、擦伤

及血肿等症状。

婴幼儿期是一个人接受教育的关键时期，对人生影响深远。虐待幼儿是对健康人格的破坏，会导致孩子的不自信，由此对孩子情绪产生负面影响。当他们的负面情绪被累积起来，就会逐渐形成冷漠、自私的性格和残酷、残暴的心理。受虐幼儿有可能形成“别人痛苦我就开心，以虐待别人为乐”的畸形心理，长大后也有可能对别人施虐。

2. 处理方法

当家长反映教师有虐童行为时，幼儿园要第一时间进行解决。首先，找幼儿园信息管理人员查询监控视频，调查、了解情况。然后，找当事教师询问。

若确实出现虐童事件，幼儿园负责人要给予教师相应处罚并上报当地教育主管部门。必要时要考虑刑事立案。

及时将受伤幼儿送医院救治，加强对幼儿的安抚和心理疏导。

3. 预防措施

经常性开展师德教育和法制教育，提高教师法制意识。

加强技术监控。

二、幼儿园性侵害事件应急处理与预防

1. 处理方法

由保健医生对受害幼儿进行检查并处置，必要时立即到医院检查是否染上性病，并按照医生建议采取相应措施。

由女教师和保健医生用关切的态度向受害幼儿问清情况，应注意避免在开放空间或有他人在场时询问，以免事件曝光对当事人造成二次伤害。

立即报告公安机关和上级教育主管部门。

收集证据，为严惩犯罪教师提供法律依据，但须减少对受害幼儿的查问。

教师要全力帮助受害幼儿进行心理康复，必要时可求助专业心理医生。

主动联系受害幼儿家长，及时沟通情况，共同做好受害幼儿的心理康复工作。

有些幼儿比较内向，受了伤害之后也不会和家长或者教师说，所以教师要注意观察幼儿，看幼儿是否近期不太爱说话，出现恐惧、恐慌的现象。如果发现，要及时询问幼儿并找出原因。

2. 预防措施

（1）教幼儿如何识别坏人

要告诉幼儿，坏人并不等于长得坏，有的人长得很好看，看上去很和蔼，但说不定也是坏人。

（2）教幼儿认识隐私部位

幼儿性安全知识的缺乏是造成幼儿受到侵害的重要原因。应教育幼儿，平时背心和裤衩遮住的地方不能让别人看，也不能让别人摸。除了隐私部位，幼儿的口唇、耳根、脖颈等都是他人不可以随意触碰的地方。

同时，还应教育幼儿，不能触碰他人的隐私部位，这是不文明的行为。

（3）告诉幼儿如何面对威胁

要告诉幼儿，面对坏人的威胁，不要害怕，要大胆地告诉教师和家长，寻求帮助。

想一想，练一练

查找近年来发生在幼儿园的虐童事件或性侵害事件，概括这些事件的共同特点，并进行小组讨论。

第八节　幼儿园拐骗事件应急处理与预防

幼儿被陌生人拐骗事件多发生在来园前或离园后，在园期间较少发生。

一、幼儿园拐骗事件发生原因

幼儿园教职工安全意识薄弱，责任心不强。

幼儿园管理混乱或者制度缺失，让不法分子能够有机可乘，导致在园幼儿被冒领或被拐骗。例如，有的幼儿园门禁管理松散，接送制度有漏洞，安保人员配备不齐。

幼儿自身安全防范意识和自我保护意识比较薄弱，容易轻信陌生人，被零食和玩具所诱惑并跟随陌生人离开。

二、幼儿园拐骗事件应急处理

发现幼儿被拐骗或被冒领后，现场工作人员应先安排人员看护好其他幼儿，然后立即向幼儿园主要负责人汇报情况，启动相关应急预案，工作人员各司其职，积极应对。

1. 报警

负责通信的人员尽快拨打110报警电话，请求公安机关帮助。同时，向公安机关提供事发时间、拐骗者或冒领者体貌特征及幼儿照片等有关信息。一旦有线索，及时与公安机关沟通。

2. 沟通

负责与家长沟通的人员及时通知幼儿家长，在表示歉意的同时接受家长的批评，尽可能安抚家长的情绪。一旦有线索，及时与家长沟通。

3. 搜寻

负责搜寻的人员协助安保人员在幼儿园内部及周边地区寻找有关线索。例如，及时调看视频监控系统，或者询问当时在场的家长、教师及周边人员是否留意到相关情况。

4. 事后调查与追踪

警察和家长赶到幼儿园后，及时向其告知搜寻进展，与家长做好后续沟通并进行心理疏导。

三、幼儿园拐骗事件预防措施

幼儿园应建立完善的接送制度，尤其是在来园、离园两个环节，安保人员、教师或家长志愿者应值班站岗，维护接送秩序，避免人流拥挤，发现可疑陌生人及时报告。

加强设施设备建设，通过身份识别、录像监控等类设备加强幼儿在园的安全保障。

增强教职工的安全意识和安全防护能力。

保护好幼儿的隐私信息，尤其是幼儿的姓名、家庭住址、家庭成员信息等都要进行严格保密，不能透露给陌生人。

幼儿防拐骗安全教育

要告诉幼儿，只要是陌生人，不管他用什么美味的糖果或礼物诱惑，幼儿都不能跟他走。

某幼儿园防拐骗演练方案

1. 演练目标

提高幼儿的安全防范意识和自我保护能力，避免发生拐骗幼儿和伤害幼儿人身安全的事件。

2. 参演人员与职责分工

指挥人：园长，负责指挥整个演练活动。

协助人员：教务主任、保健主任、后勤主任，负责配合指挥演练活动。

参演人员：保健医生、各班教师、全体幼儿。

3. 演练时间

×××× 年 ×× 月 ×× 日上午。

4. 准备工作

准备道具（糖果若干或玩具若干）。

5. 演练背景

当日上午，教师带领幼儿在操场上有秩序地做户外活动。这时，从门口走来几位面容和蔼的阿姨，她们手里拿着糖果、玩具，朝小朋友走过去……

6. 演练流程

8：40　教师进行防拐骗教育，教育幼儿注意保护自己，不能吃陌生人东西，不玩陌生人玩具，不跟陌生人走。

9：00　教师带幼儿到操场进行户外活动。“骗子”利用玩具、糖果等进行诱骗，如果能将幼儿带出幼儿园大门，即为诱骗成功。门卫在幼儿园大门外守护，确保幼儿出入幼儿园大门的安全。

9：10　对幼儿进行心理疏导。幼儿被骗后，将其集合在 2 楼办公室，保健室的教师和班主任及时对幼儿进行心理疏导，并现场对幼儿加强防拐骗教育。

9：20　演练结束。各班教师清点人数，安全将幼儿带回班级。

平时通过故事的形式，
告知孩子一些防走丢的知识

教孩子认识走丢时可以求助的人，
如穿制服的警察、商场的服务员等；
教育孩子不要慌张，要在原地等父母

想一想，练一练

1. 查找近年来发生的幼儿园幼儿被拐骗、被冒领的案例，概括说明这些案例有什么共同点，并进行小组讨论。

2. 设计一个幼儿防拐骗教育活动，注意明确活动目标，细化活动过程。

第九节　幼儿园传染性疾病应急处理与预防

一、幼儿园幼儿容易得传染病的原因

1. 幼儿自身抵抗力弱

幼儿抵抗力较弱，容易受到细菌和病毒的侵袭。特别是有的幼儿情绪波动大，对环境、饮食等不适应，营养摄入不均衡，更易导致抵抗力下降。

2. 幼儿园容易发生交叉感染

幼儿园人员多且密集，幼儿每日游戏、午餐、睡觉等都在一起，又缺乏防范意识。一旦有一个幼儿生病，其他幼儿很容易被传染。

3. 管理存在漏洞

有的幼儿园消毒工作不到位，个别教师对患病幼儿观察不仔细，发现幼儿患病后处置不及时。

二、幼儿园常见传染性疾病

幼儿手足口病的预防与应急处理

1. 手足口病

手足口病临床上较为常见，主要由肠道病毒引起，对幼儿身体伤害较大。幼儿感染此病之后会出现口腔疼痛、发热、厌食等症状。

2. 疱疹性咽峡炎

疱疹性咽峡炎由肠道病毒引起，以急性发热和咽峡疱疹、溃疡为特征，是一种急性传染病，常见于 1～7 岁幼儿。它传染性很强，传播速度快，多发于夏秋季节。

该病症状主要有发热、咽痛、咽峡黏膜出现小疱疹和浅表溃疡。该病为自限性疾病，一般病程为 4～6 日，重者可至 2 周。同一幼儿可反复多次发生此病，系不同类型病毒引起。

该病潜伏期为 3～5 天，多通过呼吸道传播，粪－口传播也较常见，还可通过接触感染者呼吸道分泌物、口腔疱疹液、皮肤疱疹液以及被污染的手和物品等传播，饮（食）用被污染的水及食物也可造成感染。

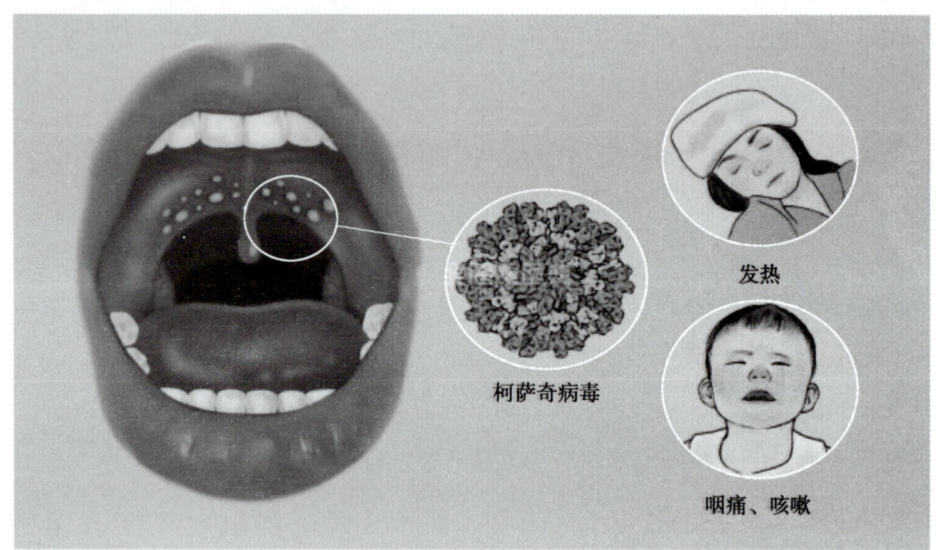

疱疹性咽峡炎与手足口病的区别

疱疹性咽峡炎和手足口病都是病毒性疾病，首发表现都是发热。

二者所致口腔疱疹出现时间都较早，区别在于手足口病患者会在手、足、臀部乃至全身出现疱疹、皮疹，而疱疹性咽峡炎患者只是在口腔里出现疱疹，皮肤不出现皮疹。

如果出现高热不退、恶心、呕吐、手抖、精神欠佳等症状，可能发展为脑炎，此时应及时就诊，住院治疗。

3. 猩红热

猩红热是一种多发于冬春季节的急性呼吸道传染病，主要通过飞沫传播，传染性较强，幼儿为易感人群。

猩红热患者初期多有发热、咽痛、扁桃体发炎等症状。如果不及时加以治疗，有可能会出现全身性炎症（如全身性的弥漫性红疹），并且持续高热。该病一般采用青霉素等药物进行抗菌治疗。

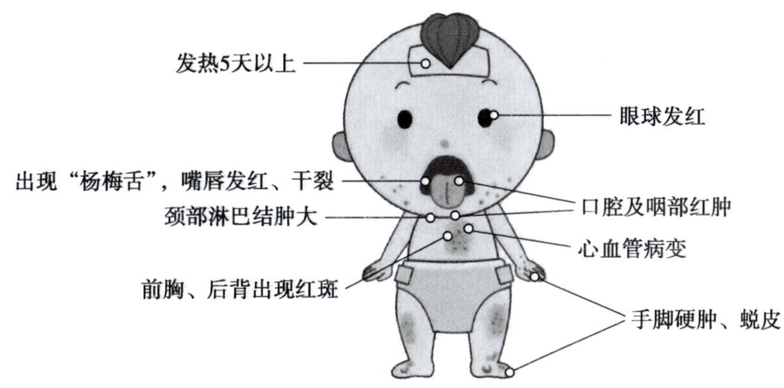

三、幼儿园传染性疾病应急处理

幼儿园内如果出现患传染性疾病的幼儿，必须马上采取隔离措施，同时避免患儿与其他幼儿接触。

立即送患儿去医院诊治。对患儿的接触者进行密切观察，如果其他幼儿出现类似症状也要及时去医院就诊。

幼儿园要及时对患儿的衣物、餐具等物品进行消毒，对患儿的粪便及时进行消毒处理。同时，对患儿所在班级环境进行清洁、消毒。如果一个班级中有 3 名以上幼儿患有猩红热，幼儿园应闭园进行清洁消毒，避免传染病暴发。

四、幼儿园传染性疾病的预防措施

1. 加强宣传教育

幼儿园平时应利用园外展板、幼儿园公众号、家长微信群等向家长进行传染病预防方面的宣传教育，提高家长和教师对传染病的防范意识和防范能力。

2. 教育幼儿养成良好卫生习惯

教育幼儿一定要勤洗手，幼儿吃饭之前和大小便之后都要用香皂或者洗手液洗手。在日常的饮食方面也需要注意，不要让幼儿喝生水，吃生冷的食物。

3. 做好消毒

保健医生要指导其他保育教育人员做好班级各种物品的预防性消毒工作。在传染病高发季节适当增加消毒频率，延长消毒时间。每日对玩具、个人卫生用具、餐具等物品要清洗、消毒。清洗或消毒时，工作人员应戴手套，完成后应立即洗手。幼儿的被褥和衣服也需要勤换洗。

传染病高发季节，教室和寝室等要保持良好通风，保持室内适宜温度。

4. 加强晨检

教师要通过一摸、二看、三问、四查的方式，细致观察每一个幼儿的情绪与身体状况，重点检查幼儿是否发热，有无皮疹。如果发现有可疑症状的幼儿，应立即通知家长带其到医院查验。

当班级中有缺勤幼儿时，教师要及时联系家长了解原因。如果幼儿因为患病缺勤，应索要体检结果，报保健室。

5. 加强体育锻炼与营养卫生

组织幼儿开展多种形式的体育锻炼，提高幼儿抵抗疾病的能力。

提供合理膳食，多让幼儿喝白开水和清凉的饮料，多吃新鲜的蔬菜和瓜果，增强幼儿免疫能力。

6. 做好疑似或确诊幼儿隔离治疗

保健医生要督促疑似或确诊幼儿在家隔离治疗。

当幼儿出现感冒、发热等症状时，应及时送医院诊治并了解病情。

幼儿痊愈后，须凭正规医疗机构证明，经保健医生检查，确认无传染性后方可入园。

某幼儿园传染性疾病应急预案

为有效预防、及时控制和消除传染病，保障全园师幼的身体健康与生命安全，维护正常的教育教学秩序，根据传染病防治的有关实施办法及相关要求，结合我园实际情况，特制定本预案。

1. 成立传染病防治工作小组

（1）小组成员

组长：园长。

副组长：保健医生、保教组组长、后勤组组长。

组员：各班班主任。

（2）主要职责

工作小组成员要统一认识，把握“预防为主，常抓不懈，健全体系，加强合作，立即报告，快速处置”的原则，提高全园防范突发传染病的意识，落实各项防范措施，做好人员、技术、物资和设备的应急储备工作，加强应急处置的培训与演练。一旦发生传染性疫情，应及时将患传染病的人员和接触人员进行隔离，注意保护好现场，同时根据情况立即向所在地卫生健康部门和上级教育部门报告。

2. 预防办法和措施

（1）加强宣传与培训

利用宣传栏、专题展板、告家长书等各种形式向家长做好预防传染性疾病的宣传，定期对教师进行相关培训，增强全园抵御传染病的能力。

（2）加强预防

把好幼儿晨检关，幼儿活动室、寝室和教师办公室等保持空气流通。教育幼儿注意个人卫生，经常用肥皂和流动水洗手，不共用茶具、餐具。教育幼儿注意根据气温正确增减衣物，均衡营养，加强户外锻炼，增强体质。

（3）应急处置

在园内发现患传染病的幼儿或教职工后，应第一时间利用幼儿园隔离室对患者进行隔离观察，通知患者家属，马上送医院诊治，同时立即上报所在地卫生健康部门和上级教育部门。

幼儿园对患者所在班级活动室及所涉及的公共场所进行消毒，对与患者密切接触的幼儿、教职工进行隔离观察，迅速切断传染源，防止疫情扩散。

幼儿园一旦发现传染病，立即停止组织集体活动，停止办理新生入园手续。

患者在医院接受治疗时，幼儿园应对其进行跟踪了解，患者病愈返校时须出示医院有效证明。

（4）信息报告

幼儿园发生传染病后，在场工作人员应立即向园长报告，如园长不在则向其他行政人员报告，然后向所在地卫生健康部门和上级教育部门报告。报告时应明确疫情发生的范围及程度等，以便相关部门采取切实有效的应急措施，最大限度地减少传染病带来的危害和负面影响。

想一想，练一练

面对传染病，幼儿园教师应如何开展班级安全防范工作？进行小组讨论并记录讨论结果。

第十节　幼儿园外出活动事故应急处理与预防

幼儿园组织外出活动可以拓展幼儿的视野，丰富他们对自然和社会的认知，但是，在外出活动中如果防范不足，易引发各种事故，如发生交通事故、患病、走失、摔伤、溺水等。

一、幼儿园外出活动事故应急处理

发生事故后，要以最快速度把受伤幼儿送往就近医院救治，并通知家长。如遇突发状况，可先向附近的安保人员求助，或向公安机关求援。

立即成立事故处理小组，统一指挥协调。

如果事故由幼儿园管理者或幼儿自身原因引起，可参照园内幼儿意外伤害事故的处理程序处理。

如果事故由活动场所的活动器械（具）等设施设备引起，幼儿园要与活动场所、组织单位交涉，配合进行善后处理工作。

园长负责做好对受伤幼儿的安抚工作，同时做好媒体的沟通工作。如需移交公安机关处理，积极配合公安机关进行调查处理。

二、幼儿园外出活动事故预防措施

日常教育教学中，幼儿园应联合家长，通过各种途径，如家园墙、家园园地、班级微信群等途径对幼儿进行纪律和安全教育，增强幼儿的自我保护意识。

1. 合理选择目的地

幼儿园组织幼儿外出活动时，路途要比较平坦，不要选择山区公路出行，因为幼儿乘坐交通工具时不宜急转弯、急刹车。车程应该控制在一小时之内。目的地必须有完善的安全设施，例如，水塘或湖泊要有围栏、农庄中的动物必须是圈养的。

活动前，幼儿园应派专人到活动场所，实地察看活动器械（具）等设施设备是否存在安全隐患。

2. 做好安全预案

活动前要制定详细的安全预案，提前向上级主管部门汇报。班级教师必须全部参加，幼儿园应派出行政人员、保健人员，帮助组织协调和照顾幼儿。

3. 出行前加强安全教育

一方面，教师要对幼儿进行活动安全教育，增强幼儿的安全防范意识和自我保护能力。家长也要叮嘱幼儿在旅途中注意安全，不要随意走散，不要在陌生环境玩躲藏游戏。

另一方面，幼儿园要加强对教师的责任意识教育，要求教师严格掌控园外集体活动的全过程，尤其是穿越马路时，教师要有防范措施。

4. 备好衣物

幼儿在外出活动中活动量比较大，经常会出汗，如果没有及时擦干，很容易感冒。因此，教师应随身携带干毛巾或内衣，及时帮幼儿擦汗或更换衣服。幼儿与教师应穿着校服，统一着装，活动前检查好幼儿衣服，便于认领、识别和排除不安全因素。

5. 准备适当食品和必备药品

果冻、有核蜜饯等零食不适宜幼儿携带，因为幼儿在食用时容易噎住。

带好云南白药、创可贴之类的外伤外敷药品，但这些药品不可让幼儿自己使用。如果幼儿晕车的话，出门前可给幼儿吃晕车药，但千万不要擅自给幼儿用药。教师也应注意，将容易晕车的幼儿安排在车的前排座位。

6. 注意交通安全

幼儿园应要求运输单位选派遵守交通法规、驾驶经验丰富、技术熟练的驾驶员和车容、车况、安全性能好的车辆。乘车途中，教师要仔细检查门窗，站在车辆重要位置。每辆车应配有一位负责人。

7. 活动中注意事项

教师要注意观察活动场地周围的环境，提醒幼儿注意安全。尤其是在一些人工仿造的山洞或树林等环境中，光线较暗，地面高低不平，教师要特别注意。

教师要提醒幼儿注意脚下地面的高低起伏，不趴在栏杆上，不爬假山。

教师要与幼儿保持在安全距离内，提醒幼儿不奔跑、不推挤、不掉队，要记得经常清点人数。

某幼儿园幼儿外出活动应急预案

为预防外出活动突发事故，保障全园师幼的身体健康与生命安全，结合我园实际情况，特制定本预案。

1. 组织领导

为保证外出活动顺利进行，特成立活动安全领导小组、后勤保障组和医疗保障组。

（1）活动安全领导小组

组长：×××。

副组长：×××。

成员：×××。

（2）后勤保障组

组长：×××。

副组长：×××。

成员：×××。

（3）医疗保障组

组长：×××。

副组长：×××。

成员：×××。

2. 活动准备

活动前，各年级组制定好活动方案。

我园办公室对活动方案进行审核、调整，并召开会议对教师提出进一步要求，落实车辆安排情况。

活动前，教师要对幼儿进行活动安全教育、交通安全教育、园内外环保教育。

3. 突发事故处理程序

事故发生后，现场人员应立即向带队领导报告。带队领导根据情况做出决定。

对于一般性事故，带队领导可根据情况自行进行解决，由保健医生处理，并进行记录。

对于重大事故，应根据事故情况尽快向公安、医疗、教育、旅游等部门上报，同时增派人员赴现场组织抢救。在组织应急抢救过程中，以保证幼儿安全为首要工作。

事故处理完后，由具体组织者写出书面报告，总结经验教训。

4. 具体应急措施

（1）常规安全措施

每辆幼儿用车上应至少有一位安全领导小组的成员。

所有教师、工作人员手机必须处于开机状态，前一天必须检查手机状况，确保使用正常。

每次活动保健医生都必须参加。

在出发前，应制定幼儿花名册。出发前、到达目的地时、整队返回时、上下车时，各班教师都要清点幼儿人数。

组织活动时，要求幼儿与家长一切活动都要在教师的视野之中，不可单独行动。

教师在组织时要有大局意识、责任意识。

（2）因天气因素变更活动处理

活动前一天，负责人应了解天气情况，通知幼儿做好相应准备，如鞋子、衣服等。

发车时如遇天气变化，要认真分析趋势和可能性，做出延时、变更等处理。

针对幼儿可能出现的情绪波动，做好引导、说服教育工作，妥善处理善后事项。

（3）车辆故障处理

每次外出活动前要求运输单位检查车况，车况不良必须更换，否则不得发车。

中途车辆发生故障时，带队跟车教师应及时将故障情况上报领导。

如影响安全，车辆一律停驶，紧急调车改乘。

教育幼儿在行车时不能将头、手伸出车窗，行车时不在车内大叫，更不能在车上随意走动。领导及带队教师应维持好秩序，严禁幼儿下车随意走动，防止交通事故发生。

（4）交通事故处理

如果发生交通事故，应立即拨打120、122，并立即组织抢救。

迅速向上级单位报告事故情况。

保护好现场，指挥教师及其他幼儿撤离至安全地点。

安抚幼儿情绪，询问、检查幼儿受伤情况，将受伤幼儿及时送医院检查、诊治。

（5）幼儿突发疾病、意外伤害处理

师幼在途中如果突发疾病、意外伤害，随车带队领导立即联系活动总指挥，视情况轻重由保健医生处理或送附近医院。

（6）幼儿走失处理

如发现幼儿走失，应立即通知活动总指挥，组织就地寻找。

从幼儿最后接触的同伴入手，了解幼儿行踪。

想一想，练一练

组织外出活动时，幼儿园教师除了做好安全防护工作外，还应做好哪些准备工作？

第十一节　幼儿园校车事故应急处理与预防

一天，某幼儿园校车司机戴某将载有数名幼儿的车辆驶抵幼儿园后，幼儿园小班教师毛某、王某将车上几名幼儿领进教室，但戴某及教师均未留意车上是否还有幼儿。戴某将车停在露天停车场，并锁上车门、车窗后离开。

当日下午，戴某前往停车场取车，准备送放学的幼儿回家。这时，戴某才发现车内过道上已经不省人事的幼儿欣欣。

思考：相关幼儿园应当承担什么责任？幼儿园应当如何预防此类事件发生？

幼儿园校车事故以交通事故为主，此外也包括幼儿在校车中发生的其他意外事故，如车辆自燃事故、幼儿被遗忘在校车内致伤亡事故等。

一、幼儿园校车事故的主要原因

1. 司机违章驾车

个别司机酒后开车、超速行驶、闯红灯，以致发生交通意外。

2. 监护人员防护不到位

幼儿乘车时，有的监护人员忘记给幼儿系安全带；有的监护人员乘车时不密切关注幼儿的状态，未能及时发现并制止幼儿的不安全行为；有的监护人员上下车不清点人数，将幼儿遗忘在校车里。

3. 幼儿安全意识薄弱

有的幼儿不懂坐车常识，缺乏安全意识，坐在车上时常把头、手伸出窗外。有的幼儿活泼好动，乘车时自己解开安全带随意走动。

二、幼儿园校车交通事故应急处理

幼儿园校车事故以交通事故为主，因此以下主要介绍此类事故的应急处理方法。

发生事故时，在场教师、司机等有关工作人员要保持冷静，切忌乱了方寸，错失抢救幼儿的最佳时期。

1. 呼救与报告

发生事故后，工作人员应立即拨打 120 急救电话，并向有关部门报告情况。

2. 及时救治

（1）判断幼儿是否仍有知觉

检查幼儿是清醒还是昏迷。如果幼儿处于清醒状态，在其情绪较为缓和后再检查。如果幼儿昏迷不醒，要用手轻轻打开幼儿嘴巴，检查里面是否有异物。如果幼儿昏迷不醒，但没有严重的外伤，就让其侧躺，这样能使血液流出口腔，并确保舌头不会堵塞气管。

（2）察看幼儿是否还有呼吸

如果幼儿呼吸微弱或没有呼吸，应立即进行人工呼吸。若是脉搏也停止跳动，则实施心肺复苏对幼儿施救。

（3）检查骨折情况

如果幼儿的颈部或脊椎骨受了伤，教师千万不可移动幼儿，必须在旁边安抚其情绪、固定其身体，防止幼儿乱动造成二次伤害。

如果幼儿四肢或关节红肿、疼痛，并且动弹不得，可能是骨折或脱臼。在这种情况下，教师不要触动伤处。

（4）止血

出血过多会导致休克。幼儿出血时，要及时用干净的布压住伤口。即使布已被鲜血染湿，也不要将它拿开，要继续加布并用力压住伤口。

三、幼儿园校车事故预防措施

加强对校车司机和车辆监护人员的安全教育和法制教育，增强其责任意识。

日常教育活动中，应该设置一些交通安全课程，让幼儿懂得一些交通安全知识，熟悉各种交通信号和标志，自觉遵守交通规则。

教育幼儿坐车时要坐稳，不要在车上乱摸、乱动，不可自行解下安全带，不要将头、手臂伸出窗外，不要在汽车下面玩耍或睡觉。

校车停稳后，方能让幼儿上下车。在开车前，应注意检查车底是否有幼儿。不可盲目倒车，倒车前应下车看看车辆后面是否有幼儿。

建议家长给幼儿穿颜色鲜艳的衣服，以引起司机的注意，从而减少意外事故的发生。

某幼儿园校车安全事故应急预案

为确保我园运载幼儿车辆安全，确保乘车幼儿生命安全，现根据我园实际情况，制定本应急预案。

1. 指导思想

坚持“预防为主、防控结合”的方针，提高校车安全工作水平，建立健全校车各项管理制度，保证我园校车安全和师幼安全。

2. 组织领导

我园成立校车安全事故应急工作小组。

组长：××（园长），全面负责本园校车安全管理工作，安排工作人员并明确其职责。

副组长：××（保健主任），负责对校车相关工作人员进行安全教育，并随时抽查各岗位人员的工作。

组员：××（校车安保督察员），负责校车具体安全管理工作，督促、检查校车司机等工作人员做好日常工作，发生重大问题时及时向园长汇报或者报警，阻止家长上校车。

××（校车司机）：负责每天对车容、车况、安全性能（特别是制动系统安全性能）进行自查，确保车辆技术状况良好。发现车辆安全隐患和技术故障要及时报修，并做好校车的例行维修保养工作。

××（随车管理员）：负责测量幼儿体温，经常性对幼儿开展乘坐校车安全教育，劝阻不安全行为，及时化解校车内幼儿之间的矛盾。

××（办公室负责人）：负责及时传达上级有关部门对校车安全的要求，根据需要拟订各类校车管理制度等。

3. 预防措施

对师幼、家长加强法制教育和安全教育，增强师幼、家长的法制意识和自我保护意识。

为校车配置灭火器、救生锤等设施设备并定期检查，保证可正常使用。

严格要求校车相关工作人员履行自己的职责，组长和副组长随时进行抽查。

4. 处理程序

（1）车辆刮蹭等轻微交通事故

随车管理员要立即将时间、地点及简要情况上报领导。

随车管理员主要负责幼儿车内安全，严禁幼儿下车或开窗。

由司机与事故车主进行交涉协调。如果可能影响到正常的上学时间，随车管理员要报告领导，临时调车接送幼儿。

如果无法协调，立即拨打电话报警处理。

（2）出现人员伤亡

随车人员应当在第一时间疏散车内幼儿至安全地带，安抚幼儿情绪，并立即对伤者施救或拨打 120，同时报告园长和主管人员。

主管人员和园长接获通知后，迅速通知应急工作小组成员赶往事故地点勘察处理。勘察现场时应注意观察事发地周围环境，详细询问调查事故原因以及造成的损害情况（包括对方车辆及乘客财产的损失），做好现场保护。园长或主管领导应在第一时间赶往事故现场处理和指挥。

应急工作小组成员应分工协作，及时报警或报告当地政府及教育行政部门，尽量寻觅目睹事故的第三者作证。

做好幼儿和家长的安抚工作，尽量消除事故带来的影响，避免事态进一步扩大。

5. 注意事项

在接送幼儿途中，无论何种原因造成车辆晚点 15 分钟以上，都应通知家长，避免家长情绪紧张。

因校车之外的原因造成晚点，如交通堵塞、前方车祸等，应如实告知家长原因。

若校车发生交通意外或火灾等情况，应优先将幼儿转移到安全地点或送医院治疗，同时与幼儿园取得联系，由幼儿园领导作出如何处理的指示。

发生交通堵塞等情况，延迟半小时仍无法到达时，应立即报告主管领导，请求解决。幼儿园接到报告后，应在 5 分钟内做好应急措施。

如遇恶劣天气或自然灾害，应把车停在安全的地点并妥善安置幼儿。

车上应张贴常用电话号码（包括园长、各班教师、随车管理员和司机的电话），便于工作衔接以及与家长联系。

如果雨雪较小，可正常接送，但应提醒幼儿注意安全，上车不要拥挤，尤其注意伞尖等尖锐部位。

雨雪较大无法通车时，幼儿园应立即通知随车管理员停运校车，班主任立即通知各幼儿家长。

想一想，练一练

教师带领幼儿分组进行校车安全事故应急演练，并写出演练流程。

第十二节　幼儿园拥挤踩踏事故应急处理与预防

幼儿园空间有限而人群相对集中，幼儿出入教室、上下楼、做游戏、饮水时，容易发生拥挤，严重时会形成踩踏事故，对幼儿造成严重伤害。

一、幼儿园拥挤踩踏事故的原因

幼儿园发生拥挤踩踏事故，最主要的原因是教职工安全意识薄弱，没有及时维护好幼儿活动秩序。

幼儿园设施存在安全隐患，也容易造成拥挤踩踏事故，如走廊、楼道比较狭窄、防滑性差，出入口较少等。

幼儿活泼好动，在进行户外活动时容易兴奋，不了解拥挤踩踏事故的严重性和预防方法，甚至故意做一些危险的动作，容易造成拥挤踩踏事故。例如，幼儿做游戏时，如果一个幼儿摔倒了，另一个幼儿有时会故意摔倒在他身上，其他幼儿见了也都纷纷模仿，压在倒地幼儿的身上，造成踩踏。又如，有些游戏很容易摔倒，幼儿容易挤在一起而受伤。

此外，发生火灾、地震、爆炸等突发事件时，幼儿因为惊慌失措而下意识奔逃，也容易造成拥挤踩踏事故。

二、幼儿园拥挤踩踏事故应急处理

出现火灾、地震、爆炸等突发紧急情况时，在场教师切不可惊慌失措，而要按照应急疏散指示、标志和图示正确合理地疏散幼儿。

发生拥挤踩踏事故时，在场教师要及时呼喊其他人员前来协助组织疏导，防止事态进一步恶化。同时，迅速抢救受伤的幼儿，特别是因拥挤踩踏而发生窒息的幼儿。对于出血的幼儿要及时包扎伤口。对于骨折的幼儿，不可轻易移动，要确定伤情后再采取合适的救护措施。

教师要及时报告园长，同时根据伤情拨打120急救电话，将伤者送往最近的医院进行抢救。

局面基本稳定后，教师要对幼儿特别是受伤幼儿进行安抚和心理疏导。

三、幼儿园拥挤踩踏事故预防措施

1. 加强教育和培训

教师要经常对幼儿进行文明礼仪教育，教育幼儿在通过走廊时要靠右走，不要拥挤，防止踩踏挤压等事故的发生。对违规的幼儿要给予批评教育，督促其改正错误行为。

教师要经常对幼儿进行安全教育，告诉幼儿当发觉拥挤的人流涌来时，应立即避到一旁，不慌乱，不奔跑，避免摔倒。要顺着人群走，切不可逆着人群的方向前行，否则很容易被人群推倒。

幼儿园应适时组织开展拥挤踩踏事故应急演练。

2. 加强秩序维护

幼儿做操或进行户外活动时，小班、中班和大班要错开活动时间，中班、大班先活动，二楼以上的班级尽量在各自所在楼层活动平台活动，其他班级按照先后顺序分别从不同的楼梯上下楼。

上下楼时，每班至少安排3位教师，分别在幼儿队伍的前、中、后护送幼儿。要让幼儿靠楼梯的右边上下楼并抓好扶手。教师要提醒幼儿，排队时不能碰前面小朋友的衣服，不能拥挤，要和其他小朋友保持一定的距离，眼睛向前看，一个台阶一个台阶地上下楼。若上下楼梯时前面突然有幼儿滑倒，教师要告诉后面的幼儿必须立即停步。

组织户外活动时，在场教师必须聚精会神、分工协作，站在事故易发位置，对幼儿进行疏导、管理和保护，让幼儿在自己的视线范围内活动。

幼儿在户外排队时，教师要提醒幼儿一个一个来，不推不挤，或分组排队，或站到规定位置排好队，想办法减少排队推挤的情况。

3. 消除设备、设施隐患

平时，园内的走廊门都要打开，一旦发生拥挤踩踏或者火灾等事故，便于幼儿及时有效地疏散。

在教学楼楼梯间设置指示、警示标志，指引幼儿上下楼梯相互礼让，靠右行走，遵守秩序。幼儿园派专人定期检查楼道、楼梯的各个设施和照明设备，及时消除安全隐患。

幼儿上下楼梯的安全教育

请结合视频说一说幼儿上下楼梯时应注意的安全问题。

第五章
幼儿园安全事故善后处置

学习目标

1. 了解幼儿园安全事故的调查内容和调查工作要求。
2. 了解幼儿园安全事故的法律责任与法律处理途径。
3. 了解幼儿园安全事故的理赔方式。

建议课时：6 课时

幼儿园安全事故善后处置主要包括安全事故调查处理、总结整改和理赔等内容，其中，通过事故调查查明原因、明确责任是其他工作的基础。本章主要介绍幼儿园安全事故的调查、法律责任、法律处理途径和理赔等内容。

第一节　幼儿园安全事故的调查

安全事故发生后，幼儿园或上级主管单位要成立调查组，对事故进行详细调查，提交调查报告。

一、调查内容

1. 查明事故发生的经过

调查人员要查明事故发生前的状况，事故发生的具体时间、地点、经过，事发现场状况，事故发生后采取的应急处置措施及救援情况，以及其他与事故发生有关的情况。

2. 查明事故发生的原因

调查人员要查明事故发生的直接原因、间接原因和其他原因。

3. 查明人员伤亡情况

调查人员要查明事故发生前幼儿园人员分布情况、事故发生时人员涉险情况、事故现场人员伤亡情况及人员失踪情况、事故抢救过程中人员伤亡情况、最终伤亡情况等。

4. 查明事故的直接经济损失

调查人员要查明的直接经济损失包括：人员伤亡后所支出的费用，如医疗费用、丧葬及抚恤费用、补助及救济费用等；事故善后处理费用，如处理事故的事务性费用、现场抢救费用、现场清理费用、事故罚款和赔偿费用等；事故造成的财产损失费用，如固定资产损失价值、流动资产损失价值等。

5. 认定事故性质和事故责任

通过事故调查分析，调查人员对事故的性质要有明确结论。其中对认定为自然事故（非责任事故或者不可抗拒的事故）的可不再认定或者追究事故责任人。对认定为责任事故的，要按照责任大小和承担责任的不同分别认定直接责任者、主要责任者、领导责任者。

6. 对事故责任人提出处理建议

在认定事故性质和事故责任的基础上，调查人员要对事故责任人提出给予行政处分或行政处罚、追究刑事责任、追究民事责任的建议。

7. 提出防范和整改措施

调查人员要针对事故反映出的薄弱环节、漏洞、隐患等提出有针对性的防范和整改措施。

二、调查工作要求

调查人员有权向有关单位和个人了解与事故有关的情况，并要求其提供相关文件、资料，有关单位和个人不得拒绝。

发生事故幼儿园的负责人和有关人员在事故调查期间不得擅离职守，并应当随时接受事故调查组的询问，如实提供有关情况。

调查中发现涉嫌犯罪的，调查人员应当及时将有关材料或者其复印件移交司法机关处理。

调查人员应当诚信公正、恪尽职守，遵守调查纪律，保守秘密。

未经调查组组长允许，调查组成员不得擅自发布有关事故的信息。

第二节　幼儿园安全事故的法律责任与法律处理途径

案例 5-1

一天中午，某幼儿园中班的大部分幼儿都睡着了，还有个别幼儿没睡。这时，值班教师到别的班去倒开水，并与该班教师聊了一会儿。她回班后，发现一名幼儿头部红肿，问其原因，才知道刚才教师外出后，幼儿在床上玩耍，不小心摔伤。教师赶忙帮幼儿揉了揉头部，便安慰他睡觉。下午，当家长接幼儿时，看到幼儿伤情，非常生气。

案例 5-2

某日，某村一所家庭幼儿园（非法）隔壁一废弃民宅倒塌，当场造成师幼 3 死 8 伤（其中 1 名教师受伤）。在将伤者送往医院途中 1 名幼儿死亡，在医院抢救过程中又有 3 名幼儿死亡。

案例 5-3

某日，某幼儿园 52 岁门卫（曾患有精神分裂症）挥刀连砍 15 名幼儿和 3 名教师，造成其中1名幼儿死亡。后据调查，该门卫两年前经在医院上班的妻子介绍，到该幼儿园传达室做临时工。

思考：在上述案例中，相关幼儿园应当承担什么责任？幼儿园应当如何预防此类事件发生？

一、幼儿园安全事故的法律责任

清晰界定事故责任，是妥善处理安全事故的重要前提。如果不幸发生安全事故，幼儿园可能要承担不同类型的法律责任。

1. 法律责任的类型

安全事故的法律责任一般分为刑事责任、民事责任及行政责任。

（1）刑事责任

在幼儿园安全事故中，如果当事人的行为触犯了刑法而构成犯罪，即使受害人没有要求追究其刑事责任，司法部门也应当根据职权主动立案，进行查办。对当事人视情节可处以死刑、无期徒刑、有期徒刑、拘役或管制。

（2）民事责任

根据《学生伤害事故处理办法》（中华人民共和国教育部令第12号），幼儿园对幼儿伤害事故负有责任的，根据责任大小，适当予以经济赔偿，但不承担解决户口、住房、就业等与救助受伤害幼儿、赔偿相应经济损失无直接关系的其他事项。

因幼儿园教师或者其他工作人员在履行职务中故意或者重大过失造成的幼儿伤害事故，幼儿园予以赔偿后，可以向有关责任人员追偿。

（3）行政责任

《中华人民共和国未成年人保护法》规定：学校、幼儿园、婴幼儿照护服务等机构及其教职员工对未成年人实施体罚、变相体罚或者其他侮辱人格尊严行为的，由公安、教育等部门责令改正；拒不改正或情节严重的，对直接负责的主管人员和其他直接责任人员依法给予处分。

根据《学生伤害事故处理办法》，如果幼儿园发生幼儿伤害事故，幼儿园负有责任且情节严重，教育行政部门应当根据有关规定，对幼儿园直接负责的主管人员和其他直接责任人员分别给予相应的行政处分。幼儿园管理混乱，存在重大安全隐患的，主管的教育行政部门或者其他有关部门应当责令其限期整顿。对情节严重或者拒不改正的，应当依据法律法规的有关规定，给予相应的行政处罚。

2. 法律责任的划分

根据幼儿园安全事故发生的原因、情节、过错情况，幼儿园的法律责任可分为完全责任、部分责任和免除责任。如果幼儿园尽了职责，就可以减轻或避免承担相应责任。

（1）完全责任

完全责任即过错全在幼儿园。例如，幼儿午睡期间，因教师疏忽、工作不认真，导致幼儿午睡时窒息。

（2）部分责任

部分责任即事故一部分是由幼儿园或教职工引起的，一部分是由幼儿或其他因素引起的。例如，幼儿在去厕所时不小心摔倒，造成下巴磕伤，此时教师却没有在现场，也没有及时处理。

（3）免除责任

免除责任即事故完全由幼儿自身原因引起或属意外，不可预料。例如，某幼儿患有某种疾病或属特殊体质，但家长并没有告诉幼儿园或教师，幼儿园或教师在不知情的情况下实施教育教学活动，造成幼儿伤亡，此时幼儿园并无责任。

3. 幼儿园应当依法承担相应责任的情况

《学生伤害事故处理办法》规定，因下列情形之一造成的学生伤害事故，学校应当依法承担相应的责任。①

（1）学校的校舍、场地、其他公共设施，以及学校提供给学生使用的学具、教育教学和生活设施、设备不符合国家规定的标准，或者有明显不安全因素的。

（2）学校的安全保卫、消防、设施设备管理等安全管理制度有明显疏漏，或者管理混乱，存在重大安全隐患，而未及时采取措施的。

（3）学校向学生提供的药品、食品、饮用水等不符合国家或者行业的有关标准、要求的。

（4）学校组织学生参加教育教学活动或者校外活动，未对学生进行相应的安全教育，并未在可预见的范围内采取必要的安全措施的。

（5）学校知道教师或者其他工作人员患有不适宜担任教育教学工作的疾病，但未采

①该办法规定，幼儿园发生的幼儿伤害事故，应当根据幼儿为完全无行为能力人的特点，参照该办法处理。

取必要措施的。

（6）学校违反有关规定，组织或者安排未成年学生从事不宜未成年人参加的劳动、体育运动或者其他活动的。

（7）学生有特异体质或者特定疾病，不宜参加某种教育教学活动，学校知道或者应当知道，但未予以必要注意的。

（8）学生在校期间突发疾病或者受到伤害，学校发现，但未根据实际情况及时采取相应措施，导致不良后果加重的。

（9）学校教师或者其他工作人员体罚或者变相体罚学生，或者在履行职责过程中违反工作要求、操作规程、职业道德或者其他有关规定的。

（10）学校教师或者其他工作人员在负有组织、管理未成年学生的职责期间，发现学生行为具有危险性，但未进行必要的管理、告诫或者制止的。

（11）对未成年学生擅自离校等与学生人身安全直接相关的信息，学校发现或者知道，但未及时告知未成年学生的监护人，导致未成年学生因脱离监护人的保护而发生伤害的。

（12）学校有未依法履行职责的其他情形的。

4. 幼儿园无法律责任的情况

《学生伤害事故处理办法》规定，因下列情形之一造成的学生伤害事故，学校已履行了相应职责，行为并无不当的，无法律责任：

（1）地震、雷击、台风、洪水等不可抗的自然因素造成的。

（2）来自学校外部的突发性、偶发性侵害造成的。

（3）学生有特异体质、特定疾病或者异常心理状态，学校不知道或者难于知道的。

（4）学生自杀、自伤的。

（5）在对抗性或者具有风险性的体育竞赛活动中发生意外伤害的。

（6）其他意外因素造成的。

5. 幼儿园不承担事故责任的情况

《学生伤害事故处理办法》规定，下列情形下发生的造成学生人身损害后果的事故，学校行为并无不当的，不承担事故责任，事故责任应当按有关法律法规或者其他有关规定认定。

（1）在学生自行上学、放学、返校、离校途中发生的。

（2）在学生自行外出或者擅自离校期间发生的。

（3）在放学后、节假日或者假期等学校工作时间以外，学生自行滞留学校或者自行到校发生的。

（4）其他在学校管理职责范围外发生的。

6. 由致害人依法承担相应责任的情况

《学生伤害事故处理办法》规定，因学校教师或者其他工作人员与其职务无关的个人行为，或者因学生、教师及其他个人故意实施的违法犯罪行为造成学生人身损害的，由致害人依法承担相应的责任。

二、幼儿园安全事故的法律处理途径

幼儿园安全事故的法律处理途径主要有协商、调解、仲裁、复议、诉讼。当事人可以根据具体情况选择合适的途径。

1. 协商

如果幼儿的权利遭到侵害，其监护人可以根据我国法律的有关规定，向侵权人提出赔偿损失、赔礼道歉等合法请求。侵权人如果认为对方请求合情合法，同意请求并予执行，协商即告成功。

协商时，一是要坚持平等自愿原则，双方必须达成共识，在双方都同意的情况下进行沟通；二是不损害国家、社会的利益以及他人的合法权益；三是要坚持合法原则，在分清是非、不违背法律要求的前提下协商解决。

2. 调解

调解是指当事人在第三方的协调下自愿解决争端的方法。幼儿的权利遭到侵害后，其监护人与侵权人之间如果发生纠纷，就要在有关组织或人员的主持下，依据法律法规及相关政策，根据双方当事人的请求及实际情况，运用说服教育的办法，劝导双方当事人自愿协商解决纠纷。主持调解人可以是人民调解委员会，也可以是行政机关或司法机关，或当事人所在的单位、居委会、工会、妇联组织，或受委托的律师。

在调解的过程中一定要坚持双方自愿和合法的原则，能否进行调解、能否达成协议，须由当事人决定，第三方不允许强迫当事人。要按照一定的程序进行调解，避免引起不必要的争议。

3. 仲裁

仲裁是指双方当事人在争议发生前或争议发生后达成协议，自愿将争议交给仲裁庭作出裁决，并有义务执行仲裁裁决的方法。仲裁必须建立在自愿基础上，仲裁的范围有一定的限制。《中华人民共和国仲裁法》规定，婚姻、收养、监护、扶养、继承纠纷，以及依法应当由行政机关处理的行政争议不能仲裁。

4. 复议

复议主要是指行政复议，如果幼儿监护人认为行政机关的行政行为侵犯了幼儿的合法权益，可以向行政机关提出行政复议申请，行政机关依据《中华人民共和国行政复议法》受理复议申请，并作出行政复议决定。

5. 诉讼

当安全事故发生后，各方当事人可以直接向法院进行起诉。诉讼是指当事人一方向法院提出有关的诉讼请求，由法院作出判决的方法。从我国现行法律法规来看，凡属于民事诉讼法、行政诉讼法和刑事诉讼法规定的受案范围的，都可以通过诉讼途径解决纠纷。根据案件性质不同，诉讼分为民事诉讼、行政诉讼、刑事诉讼三大类。诉讼是解决纠纷的最后一条途径，其公正性是值得信赖的。但是诉讼费用较高，手续比较繁杂，用时较长，在判决的执行方面会有一些麻烦。

第三节　幼儿园安全事故的理赔

幼儿园安全事故涉及的赔偿包括幼儿园赔偿、保险公司赔偿和监护人赔偿。

一、幼儿园赔偿

幼儿园赔偿包括对幼儿园过错所引起伤害的赔偿和对幼儿园教职工过错所引起伤害的赔偿。后者先由幼儿园代替教职工赔偿，然后幼儿园再对教职工以行政处分方式追偿。

二、保险公司赔偿

如果幼儿在幼儿园发生各种安全事故，只要投保人与保险公司签订协议，保险公司就应进行相应赔偿。幼儿入园时，幼儿园要征得其监护人的同意，为幼儿购买学生平安保险、幼儿意外伤害险，同时还要购买园方责任险和教师职业责任险。

当幼儿在园内或者园外出现安全事故，均可找到保险公司要求相应赔偿。

如果事故发生后幼儿去医院治疗，教师和家长切记留存好票据，后期供保险公司理赔使用。如果在事故中造成死亡，依据保险合同规定，由相关部门介入后，根据程序处理方可进行理赔。

三、监护人赔偿

监护人赔偿即幼儿在园期间对他人实施伤害，应该由其监护人代为承担赔偿责任。

幼儿园安全事故赔偿协议书（模板）

甲方：（幼儿园法定责任人）　　　　　　　身份证号：

乙方：（幼儿第一监护人）　　　　　　　　身份证号：

就乙方幼儿在甲方处受教育期间不慎受伤事宜，经甲乙双方充分协商，本着平等、自愿的原则，达成如下赔偿协议：

1. 自乙方幼儿受伤之日起截至本协议签订之日所实际发生的和其他应当由甲方支付的医疗费、交通费等各项费用，已由甲方全部付清。甲方再向乙方一次性办结和赔偿伤残补助金与伤残津贴、一次性医疗补助金等依法应由甲方给予的全部费用，合计人民币______元（大写：　　　　　　　　）。

2. 上述款项当于乙方签字确认后先行支付______元，余款待乙方向甲方提供报保险公司所需的材料、证件并协助办理保险手续后一次性支付。

3. 乙方须协助甲方与保险公司办理伤残保险金理赔手续。鉴于甲方已向乙方支付上述赔偿金，乙方将其在保险公司取得保险金的权利全部转让给甲方。

4. 甲乙双方签署本协议后，终止双方的权利和责任。乙方承诺不再以任何形式、任何理由就与劳动、伤害有关的事宜向甲方要求其他任何费用或承担任何责任。

5. 本协议为一次性终结处理协议，双方当事人均应以此为断，全面切实履行所有约定，不得再以任何理由纠缠。乙方今后身体或精神出现任何问题均与甲方无关。

6. 本协议一式两份，甲乙双方各执一份。协议自甲乙双方签字后即产生法律效力。

甲方（盖章）　　　　　　　　　　　　　乙方（手印）

签字：　　　　　　　　　　　　　　　　签字：

________年____月____日　　　　　　　　________年____月____日

附录
中小学幼儿园安全管理办法

（中华人民共和国教育部令第 23 号　2006 年 6 月 30 日）

第一章　总则

第一条　为加强中小学、幼儿园安全管理，保障学校及其学生和教职工的人身、财产安全，维护中小学、幼儿园正常的教育教学秩序，根据《中华人民共和国教育法》等法律法规，制定本办法。

第二条　普通中小学、中等职业学校、幼儿园（班）、特殊教育学校、工读学校（以下统称学校）的安全管理适用本办法。

第三条　学校安全管理遵循积极预防、依法管理、社会参与、各负其责的方针。

第四条　学校安全管理工作主要包括：

（一）构建学校安全工作保障体系，全面落实安全工作责任制和事故责任追究制，保障学校安全工作规范、有序进行；

（二）健全学校安全预警机制，制定突发事件应急预案，完善事故预防措施，及时排除安全隐患，不断提高学校安全工作管理水平；

（三）建立校园周边整治协调工作机制，维护校园及周边环境安全；

（四）加强安全宣传教育培训，提高师生安全意识和防护能力；

（五）事故发生后启动应急预案、对伤亡人员实施救治和责任追究等。

第五条　各级教育、公安、司法行政、建设、交通、文化、卫生、工商、质检、新闻出版等部门在本级人民政府的领导下，依法履行学校周边治理和学校安全的监督与管理职责。

学校应当按照本办法履行安全管理和安全教育职责。

社会团体、企业事业单位、其他社会组织和个人应当积极参与和支持学校安全工作，依法维护学校安全。

第二章　安全管理职责

第六条　地方各级人民政府及其教育、公安、司法行政、建设、交通、文化、卫生、工商、质检、新闻出版等部门应当按照职责分工，依法负责学校安全工作，履行学校安全管理职责。

第七条　教育行政部门对学校安全工作履行下列职责：

（一）全面掌握学校安全工作状况，制定学校安全工作考核目标，加强对学校安全工作的检查指导，督促学校建立健全并落实安全管理制度；

（二）建立安全工作责任制和事故责任追究制，及时消除安全隐患，指导学校妥善处理学生伤害事故；

（三）及时了解学校安全教育情况，组织学校有针对性地开展学生安全教育，不断提高教育实效；

（四）制定校园安全的应急预案，指导、监督下级教育行政部门和学校开展安全工作；

（五）协调政府其他相关职能部门共同做好学校安全管理工作，协助当地人民政府组织对学校安全事故的救援和调查处理。

教育督导机构应当组织学校安全工作的专项督导。

第八条　公安机关对学校安全工作履行下列职责：

（一）了解掌握学校及周边治安状况，指导学校做好校园保卫工作，及时依法查处扰乱校园秩序，侵害师生人身、财产安全的案件；

（二）指导和监督学校做好消防安全工作；

（三）协助学校处理校园突发事件。

第九条　卫生部门对学校安全工作履行下列职责：

（一）检查、指导学校卫生防疫和卫生保健工作，落实疾病预防控制措施；

（二）监督、检查学校食堂、学校饮用水和游泳池的卫生状况。

第十条　建设部门对学校安全工作履行下列职责：

（一）加强对学校建筑、燃气设施设备安全状况的监管，发现安全事故隐患的，应当依法责令立即排除；

（二）指导校舍安全检查鉴定工作；

（三）加强对学校工程建设各环节的监督管理，发现校舍、楼梯护栏及其他教学、生活设施违反工程建设强制性标准的，应责令纠正；

（四）依法督促学校定期检验、维修和更新学校相关设施设备。

第十一条　质量技术监督部门应当定期检查学校特种设备及相关设施的安全状况。

第十二条　公安、卫生、交通、建设等部门应当定期向教育行政部门和学校通报与学校安全管理相关的社会治安、疾病防治、交通等情况，提出具体预防要求。

第十三条　文化、新闻出版、工商等部门应当对校园周边的有关经营服务场所加强管理和监督，依法查处违法经营者，维护有利于青少年成长的良好环境。

司法行政、公安等部门应当按照有关规定履行学校安全教育职责。

第十四条　举办学校的地方人民政府、企业事业组织、社会团体和公民个人，应当对学校安全工作履行下列职责：

（一）保证学校符合基本办学标准，保证学校围墙、校舍、场地、教学设施、教学用具、生活设施和饮用水源等办学条件符合国家安全质量标准；

（二）配置紧急照明装置和消防设施与器材，保证学校教学楼、图书馆、实验室、师生宿舍等场所的照明、消防条件符合国家安全规定；

（三）定期对校舍安全进行检查，对需要维修的，及时予以维修；对确认的危房，及时予以改造。

举办学校的地方人民政府应当依法维护学校周边秩序，保障师生和学校的合法权益，为学校提供安全保障。

有条件的，学校举办者应当为学校购买责任保险。

第三章　校内安全管理制度

第十五条　学校应当遵守有关安全工作的法律、法规和规章，建立健全校内各项安全管理制度和安全应急机制，及时消除隐患，预防发生事故。

第十六条　学校应当建立校内安全工作领导机构，实行校长负责制；应当设立保卫机构，配备专职或者兼职安全保卫人员，明确其安全保卫职责。

第十七条　学校应当健全门卫制度，建立校外人员入校的登记或者验证制度，禁止无关人员和校外机动车入内，禁止将非教学用易燃易爆物品、有毒物品、动物和管制器具等危险物品带入校园。

学校门卫应当由专职保安或者其他能够切实履行职责的人员担任。

第十八条　学校应当建立校内安全定期检查制度和危房报告制度，按照国家有关规定安排对学校建筑物、构筑物、设备、设施进行安全检查、检验；发现存在安全隐患的，应当停止使用，及时维修或者更换；维修、更换前应当采取必要的防护措施或者设置警示标志。学校无力解决或者无法排除的重大安全隐患，应当及时书面报告主管部门和其他相关部门。

学校应当在校内高地、水池、楼梯等易发生危险的地方设置警示标志或者采取防护设施。

第十九条　学校应当落实消防安全制度和消防工作责任制，对于政府保障配备的消防设施和器材加强日常维护，保证其能够有效使用，并设置消防安全标志，保证疏散通道、安全出口和消防车通道畅通。

第二十条　学校应当建立用水、用电、用气等相关设施设备的安全管理制度，定期进行检查或者按照规定接受有关主管部门的定期检查，发现老化或者损毁的，及时进行维修或者更换。

第二十一条　学校应当严格执行《学校食堂与学生集体用餐卫生管理规定》、《餐饮业和学生集体用餐配送单位卫生规范》，严格遵守卫生操作规范。建立食堂物资定点采购和索证、登记制度与饭菜留验和记录制度，检查饮用水的卫生安全状况，保障师生饮食卫生安全。

第二十二条　学校应当建立实验室安全管理制度，并将安全管理制度和操作规程置于实验室显著位置。

学校应当严格建立危险化学品、放射物质的购买、保管、使用、登记、注销等制度，保证将危险化学品、放射物质存放在安全地点。

第二十三条　学校应当按照国家有关规定配备具有从业资格的专职医务（保健）人员或者兼职卫生保健教师，购置必需的急救器材和药品，保障对学生常见病的治疗，并负责学校传染病疫情及其他突发公共卫生事件的报告。有条件的学校，应当设立卫生

（保健）室。

新生入学应当提交体检证明。托幼机构与小学在入托、入学时应当查验预防接种证。学校应当建立学生健康档案，组织学生定期体检。

第二十四条　学校应当建立学生安全信息通报制度，将学校规定的学生到校和放学时间、学生非正常缺席或者擅自离校情况，以及学生身体和心理的异常状况等关系学生安全的信息，及时告知其监护人。

对有特异体质、特定疾病或者其他生理、心理状况异常以及有吸毒行为的学生，学校应当做好安全信息记录，妥善保管学生的健康与安全信息资料，依法保护学生的个人隐私。

第二十五条　有寄宿生的学校应当建立住宿学生安全管理制度，配备专人负责住宿学生的生活管理和安全保卫工作。

学校应当对学生宿舍实行夜间巡查、值班制度，并针对女生宿舍安全工作的特点，加强对女生宿舍的安全管理。

学校应当采取有效措施，保证学生宿舍的消防安全。

第二十六条　学校购买或者租用机动车专门用于接送学生的，应当建立车辆管理制度，并及时到公安机关交通管理部门备案。接送学生的车辆必须检验合格，并定期维护和检测。

接送学生专用校车应当粘贴统一标识。标识样式由省级公安机关交通管理部门和教育行政部门制定。

学校不得租用拼装车、报废车和个人机动车接送学生。

接送学生的机动车驾驶员应当身体健康，具备相应准驾车型 3 年以上安全驾驶经历，最近 3 年内任一记分周期没有记满 12 分记录，无致人伤亡的交通责任事故。

第二十七条　学校应当建立安全工作档案，记录日常安全工作、安全责任落实、安全检查、安全隐患消除等情况。

安全档案作为实施安全工作目标考核、责任追究和事故处理的重要依据。

第四章　日常安全管理

第二十八条　学校在日常的教育教学活动中应当遵循教学规范，落实安全管理要求，合理预见、积极防范可能发生的风险。

学校组织学生参加的集体劳动、教学实习或者社会实践活动，应当符合学生的心理、生理特点和身体健康状况。

学校以及接受学生参加教育教学活动的单位必须采取有效措施，为学生活动提供安全保障。

第二十九条　学校组织学生参加大型集体活动，应当采取下列安全措施：

（一）成立临时的安全管理组织机构；

（二）有针对性地对学生进行安全教育；

（三）安排必要的管理人员，明确所负担的安全职责；

（四）制定安全应急预案，配备相应设施。

第三十条　学校应当按照《学校体育工作条例》和教学计划组织体育教学和体育活动，并根据教学要求采取必要的保护和帮助措施。

学校组织学生开展体育活动，应当避开主要街道和交通要道；开展大型体育活动以及其他大型学生活动，必须经过主要街道和交通要道的，应当事先与公安机关交通管理部门共同研究并落实安全措施。

第三十一条　小学、幼儿园应当建立低年级学生、幼儿上下学时接送的交接制度，不得将晚离学校的低年级学生、幼儿交与无关人员。

第三十二条　学生在教学楼进行教学活动和晚自习时，学校应当合理安排学生疏散时间和楼道上下顺序，同时安排人员巡查，防止发生拥挤踩踏伤害事故。

晚自习学生没有离校之前，学校应当有负责人和教师值班、巡查。

第三十三条　学校不得组织学生参加抢险等应当由专业人员或者成人从事的活动，不得组织学生参与制作烟花爆竹、有毒化学品等具有危险性的活动，不得组织学生参加商业性活动。

第三十四条　学校不得将场地出租给他人从事易燃、易爆、有毒、有害等危险品的生产、经营活动。

学校不得出租校园内场地停放校外机动车辆；不得利用学校用地建设对社会开放的停车场。

第三十五条　学校教职工应当符合相应任职资格和条件要求。学校不得聘用因故意犯罪而受到刑事处罚的人，或者有精神病史的人担任教职工。

学校教师应当遵守职业道德规范和工作纪律，不得侮辱、殴打、体罚或者变相体罚学生；发现学生行为具有危险性的，应当及时告诫、制止，并与学生监护人沟通。

第三十六条　学生在校学习和生活期间，应当遵守学校纪律和规章制度，服从学校的安全教育和管理，不得从事危及自身或者他人安全的活动。

第三十七条　监护人发现被监护人有特异体质、特定疾病或者异常心理状况的，应当及时告知学校。

学校对已知的有特异体质、特定疾病或者异常心理状况的学生，应当给予适当关注和照顾。生理、心理状况异常不宜在校学习的学生，应当休学，由监护人安排治疗、休养。

第五章　安全教育

第三十八条　学校应当按照国家课程标准和地方课程设置要求，将安全教育纳入教学内容，对学生开展安全教育，培养学生的安全意识，提高学生的自我防护能力。

第三十九条　学校应当在开学初、放假前，有针对性地对学生集中开展安全教育。新生入校后，学校应当帮助学生及时了解相关的学校安全制度和安全规定。

第四十条　学校应当针对不同课程实验课的特点与要求，对学生进行实验用品的防毒、防爆、防辐射、防污染等的安全防护教育。

学校应当对学生进行用水、用电的安全教育，对寄宿学生进行防火、防盗和人身防护等方面的安全教育。

第四十一条　学校应当对学生开展安全防范教育，使学生掌握基本的自我保护技能，应对不法侵害。

学校应当对学生开展交通安全教育，使学生掌握基本的交通规则和行为规范。

学校应当对学生开展消防安全教育，有条件的可以组织学生到当地消防站参观和体验，使学生掌握基本的消防安全知识，提高防火意识和逃生自救的能力。

学校应当根据当地实际情况，有针对性地对学生开展到江河湖海、水库等地方戏水、游泳的安全卫生教育。

第四十二条　学校可根据当地实际情况，组织师生开展多种形式的事故预防演练。

学校应当每学期至少开展一次针对洪水、地震、火灾等灾害事故的紧急疏散演练，使师生掌握避险、逃生、自救的方法。

第四十三条　教育行政部门按照有关规定，与人民法院、人民检察院和公安、司法行政等部门以及高等学校协商，选聘优秀的法律工作者担任学校的兼职法制副校长或者法制辅导员。

兼职法制副校长或者法制辅导员应当协助学校检查落实安全制度和安全事故处理、

定期对师生进行法制教育等，其工作成果纳入派出单位的工作考核内容。

第四十四条　教育行政部门应当组织负责安全管理的主管人员、学校校长、幼儿园园长和学校负责安全保卫工作的人员，定期接受有关安全管理培训。

第四十五条　学校应当制定教职工安全教育培训计划，通过多种途径和方法，使教职工熟悉安全规章制度、掌握安全救护常识，学会指导学生预防事故、自救、逃生、紧急避险的方法和手段。

第四十六条　学生监护人应当与学校互相配合，在日常生活中加强对被监护人的各项安全教育。

学校鼓励和提倡监护人自愿为学生购买意外伤害保险。

第六章　校园周边安全管理

第四十七条　教育、公安、司法行政、建设、交通、文化、卫生、工商、质检、新闻出版等部门应当建立联席会议制度，定期研究部署学校安全管理工作，依法维护学校周边秩序；通过多种途径和方式，听取学校和社会各界关于学校安全管理工作的意见和建议。

第四十八条　建设、公安等部门应当加强对学校周边建设工程的执法检查，禁止任何单位或者个人违反有关法律、法规、规章、标准，在学校围墙或者建筑物边建设工程，在校园周边设立易燃易爆、剧毒、放射性、腐蚀性等危险物品的生产、经营、储存、使用场所或者设施以及其他可能影响学校安全的场所或者设施。

第四十九条　公安机关应当把学校周边地区作为重点治安巡逻区域，在治安情况复杂的学校周边地区增设治安岗亭和报警点，及时发现和消除各类安全隐患，处置扰乱学校秩序和侵害学生人身、财产安全的违法犯罪行为。

第五十条　公安、建设和交通部门应当依法在学校门前道路设置规范的交通警示标志，施划人行横线，根据需要设置交通信号灯、减速带、过街天桥等设施。

在地处交通复杂路段的学校上下学时间，公安机关应当根据需要部署警力或者交通协管人员维护道路交通秩序。

第五十一条　公安机关和交通部门应当依法加强对农村地区交通工具的监督管理，禁止没有资质的车船搭载学生。

第五十二条　文化部门依法禁止在中学、小学校园周围200米范围内设立互联网上网服务营业场所，并依法查处接纳未成年人进入的互联网上网服务营业场所。工商行政管理部门依法查处取缔擅自设立的互联网上网服务营业场所。

第五十三条　新闻出版、公安、工商行政管理等部门应当依法取缔学校周边兜售非法出版物的游商和无证照摊点，查处学校周边制售含有淫秽色情、凶杀暴力等内容的出版物的单位和个人。

第五十四条　卫生、工商行政管理部门应当对校园周边饮食单位的卫生状况进行监督，取缔非法经营的小卖部、饮食摊点。

第七章　安全事故处理

第五十五条　在发生地震、洪水、泥石流、台风等自然灾害和重大治安、公共卫生突发事件时，教育等部门应当立即启动应急预案，及时转移、疏散学生，或者采取其他必要防护措施，保障学校安全和师生人身财产安全。

第五十六条　校园内发生火灾、食物中毒、重大治安等突发安全事故以及自然灾害时，学校应当启动应急预案，及时组织教职工参与抢险、救助和防护，保障学生身体健康和人身、财产安全。

第五十七条　发生学生伤亡事故时，学校应当按照《学生伤害事故处理办法》规定的原则和程序等，及时实施救助，并进行妥善处理。

第五十八条　发生教职工和学生伤亡等安全事故的，学校应当及时报告主管教育行政部门和政府有关部门；属于重大事故的，教育行政部门应当按照有关规定及时逐级上报。

第五十九条　省级教育行政部门应当在每年 1 月 31 日前向国务院教育行政部门书面报告上一年度学校安全工作和学生伤亡事故情况。

第八章　奖励与责任

第六十条　教育、公安、司法行政、建设、交通、文化、卫生、工商、质检、新闻出版等部门，对在学校安全工作中成绩显著或者做出突出贡献的单位和个人，应当视情况联合或者分别给予表彰、奖励。

第六十一条　教育、公安、司法行政、建设、交通、文化、卫生、工商、质检、新闻出版等部门，不依法履行学校安全监督与管理职责的，由上级部门给予批评；对直接责任人员由上级部门和所在单位视情节轻重，给予批评教育或者行政处分；构成犯罪的，依法追究刑事责任。

第六十二条　学校不履行安全管理和安全教育职责，对重大安全隐患未及时采取措施的，有关主管部门应当责令其限期改正；拒不改正或者有下列情形之一的，教育行政部门应当对学校负责人和其他直接责任人员给予行政处分；构成犯罪的，依法追究刑事责任：

（一）发生重大安全事故、造成学生和教职工伤亡的；

（二）发生事故后未及时采取适当措施、造成严重后果的；

（三）瞒报、谎报或者缓报重大事故的；

（四）妨碍事故调查或者提供虚假情况的；

（五）拒绝或者不配合有关部门依法实施安全监督管理职责的。

《中华人民共和国民办教育促进法》及其实施条例另有规定的，依其规定执行。

第六十三条　校外单位或者人员违反治安管理规定、引发学校安全事故的，或者在学校安全事故处理过程中，扰乱学校正常教育教学秩序、违反治安管理规定的，由公安机关依法处理；构成犯罪的，依法追究其刑事责任；造成学校财产损失的，依法承担赔偿责任。

第六十四条　学生人身伤害事故的赔偿，依据有关法律法规、国家有关规定以及《学生伤害事故处理办法》处理。

第九章　附则

第六十五条　中等职业学校学生实习劳动的安全管理办法另行制定。

第六十六条　本办法自 2006 年 9 月 1 日起施行。